全国中等职业学校会展专业系列教材

会展文案

李晓东 主编

中国财政经济出版社

图书在版编目（CIP）数据

会展文案/李晓东主编. —北京：中国财政经济出版社，2008.5
（全国中等职业学校会展专业系列教材）
ISBN 978 – 7 – 5095 – 0646 – 2

Ⅰ. 会… Ⅱ. 李… Ⅲ. 展览会—文书—写作—专业学校—教材 Ⅳ. H152.3

中国版本图书馆 CIP 数据核字（2008）第 055847 号

中国财政经济出版社 出版
URL：http：// www.cfeph.cn
E – mail：cfeph @ cfeph.cn
（版权所有　翻印必究）

社址：北京市海淀区阜成路甲 28 号　邮政编码：100036
发行处电话：88190406　财经书店电话：64033436
北京财经印刷厂印刷　各地新华书店经销
787×1092 毫米　16 开　7.25 印张　143 000 字
2008 年 6 月第 1 版　2008 年 6 月北京第 1 次印刷
印数：1—3 060　定价：14.00 元
ISBN 978 – 7 – 5095 – 0646 – 2/ G·0014
（图书出现印装问题，本社负责调换）

序 言

1851年英国的万国博览会是人类进入工业社会后对社会发展成就第一次正规的大规模展示活动，是世界会展历史的里程碑。从那时起，会展所涉及的领域不断扩大，涵盖了经济、文化、科技等各个领域，逐渐形成了现代会展产业。会展业集商品展示、商品贸易和经济技术合作为一体，并兼具信息咨询、投资融资、商务服务等配套功能，以其超常的关联影响和对举办地经济的拉动作用，成为本世纪的朝阳产业，会展经济也因此被喻为国民经济的"晴雨表"和"助推器"。

在我国经济日益融入世界贸易体系之中的大环境下，现代的科学技术和管理技术给会展业带来了新的契机，使会展业的改革、发展与创新出现了新的局面。现代会展给团体或个人提供了经济文化交流活动的良好机会，蓬勃发展的会展产业已经成为世界经济活动的重要组成部分，成为世界经济增长的一个亮点，也成为业内人士关注和研究的热点。会展是国民经济相关行业和企业发挥竞争优势，赢得经济效益和社会效益的重要途径。

改革开放三十年来，我国的经济发展已步入快车道。伴随着高新技术、信息产业的快速发展及国内外贸易的扩大，人们越来越需要会展，并对会展业的发展提出了新的要求。随之而来的是，会展专业人才严重匮乏的问题日渐凸显，会展人才培养、培训正成为职业学校满足社会紧缺人才培养、培训的重要课题之一，被越来越多的中、高职学校所重视。

会展实践需要人力资源的支撑，中等职业学校承担着培养会展企业基层员工的重任。为了更好地适应现代会展经济的发展，适应社会和企业对会展人才的需要，我们根据教育部颁发的有关文件的精神，以全面提高中职学生素质为基础、以学生能力培养为本位、以企业需求和就业为导向，进一步突出中职教育的特点，组织编写了这套面向会展企业基层员工岗位培养方向的"全国中等职业学校会展专业系列教材"。本套教材从基层岗位人员"应知应会"原则出发，人才定位较准确，实用性较强，适应了会展教育服务会展行业发展的需求，希望能对我国会展教育和会展行业的发展起到积极的推动作用。

本套教材在课程体系的构成上强调"大专业，小方向"的组织模式，用会展专业职业能力结构中通用部分构筑能力平台，形成核心知识体系。全套书由《会展基础知识》、《会展策划》、《会展客户服务》、《会展营销》、《会展设计》、《会展法律法规》、《会展物流》、《会展文案》八本教材组成。其编写内容遵循了会展企业基层员工的认知规律，采用单元式结构进行编写，便于教师运用行动导向进行教学。全套教材结构新颖、观点科学、逻辑严密、内容丰富、资料翔实、体例活泼、重视实训、自成体系。

本套教材既与会展实践联系紧密，又根据现代中职生的特点，在教材的可读性上下了很大功夫，注重强化学生会展组织接待、策划文案、宣传推介、沟通协调等方面的综合能力及客户服务意识与技能的培养，以期提升会展专业学生适应工作岗位的能力。

序言 Preface

作为我国会展培养、培训教材的组成部分，本套教材的出版虽然在体例结构上有所创新，但毕竟会展专业在我国还是一个非常年轻的学科，没有既定的模式和体系，可资借鉴的资料不多。因此，要从会展业发展的实际出发，从会展业务的内涵、特性和内容出发，创立一套较为科学、系统的体系绝非一日之功，创作上有相当大的难度。因此，本套教材中一定存在有不够完善的地方，有些问题还可能值得商榷，这有待于今后不断修正、补充与完善。在此我们恳请各位专家学者批评指正，并诚挚希望使用本系列教材的老师、同学能把教材的使用情况及时反馈给我们，以利今后修订、修正，进一步提高教材的品质，为培养更多的会展专业应用型人才贡献我们的绵薄之力。

中国财政经济出版社中职教材编委会
2008年3月

编写说明

本书是全国中等职业学校会展专业系列教材之一,是为中等职业学校会展专业及其他相关专业教学需要、会展从业人员培训及学习参考而编写的。

随着我国经济的快速发展,会展业以其迅猛的发展势头为众人所瞩目,已成为各地政府重视的新的经济增长点。

本教材是为中等职业学校会展专业编写的一本专业教材,以会展文案的实务操作为主,以理论指导为辅,因而具有较强的指导性和可操作性。教材从会展企业实际工作中所产生的文案种类入手,介绍了在会展活动中计划、组织、运作、实施、总结及反馈等几个阶段最常用的文体写法,主要包括会展立项、会展运作、会展实施、会展总结与反馈等项内容。教材突出运用能力的培养,因此,也可作为会展行业、场馆及企业公司员工的培训参考用书。

本教材建议教学学时为40学时,教学方法建议根据模块内容采用项目教学法、角色扮演法及任务驱动等方法。

本书共四个单元,每个单元以模块形式编写,郑州旅游职业学院孙凌云编写第一单元,李英、崔彬编写第二单元,弓建国编写第三单元,陈海彬、孙凌云编写第四单元。李晓东负责全书的统稿工作。

在使用本教材进行教学时,可根据本地区实际情况,有选择的学习。各章节教学课时具体建议如下:

单 元		课程内容	学时
第一单元 会展立项	模块一	会展市场调研报告	4
	模块二	立项策划书	4
	模块三	会展项目立项可行性报告	4
第二单元 会展运作	模块一	招展方案策划书	2
	模块二	招商方案策划书	2
	模块三	参展商手册	4
	模块四	展会相关活动策划案	4
	模块五	展会宣传计划书及广告文案	2
	模块六	展会预算	2
第三单元 会展实施	模块一	会议文件	2
	模块二	展会文件	2
第四单元 会展小结	模块一	会展评估报告	2
	模块二	展后总结报告	2
机 动			4

鉴于我们水平有限,书中缺点、错误在所难免,欢迎批评指正。

编 者
2008年4月

目　录

第一单元　会展立项…………………………………………………………………（ 1 ）
　　模块一　会展市场调研报告………………………………………………………（ 1 ）
　　模块二　立项策划书………………………………………………………………（ 12 ）
　　模块三　会展项目立项可行性报告………………………………………………（ 18 ）

第二单元　会展运作…………………………………………………………………（ 23 ）
　　模块一　招展方案策划书…………………………………………………………（ 23 ）
　　模块二　招商方案策划书…………………………………………………………（ 37 ）
　　模块三　参展商手册………………………………………………………………（ 41 ）
　　模块四　展会相关活动策划案……………………………………………………（ 57 ）
　　模块五　展会宣传计划书及广告文案……………………………………………（ 64 ）
　　模块六　展会预算…………………………………………………………………（ 68 ）

第三单元　会展实施…………………………………………………………………（ 74 ）
　　模块一　会议文件…………………………………………………………………（ 74 ）
　　模块二　展会文件…………………………………………………………………（ 86 ）

第四单元　会展小结…………………………………………………………………（ 94 ）
　　模块一　会展评估报告……………………………………………………………（ 94 ）
　　模块二　展后总结报告……………………………………………………………（101）

主要参考文献…………………………………………………………………………（105）

第一单元　会展立项

模块一　会展市场调研报告

一、会展市场调查步骤

（一）确定会展调查的目的

会展调查要明确两个问题，首先，此次调查为了谁，即会展调查结果的使用者是谁？不同的对象对调研的要求也不同，如政府进行市场调查主要关注的是宏观的数据，如达成的交易数额等；会展单位进行市场调查主要关注参展的数量、组成、专业观众和普通观众的比例、展会的面积、展会交易额等；参展企业进行市场调查主要是关注不同展会的办展目的、观众的构成、展会的影响等方面。那么，会展市场调查也应该因为调研的使用者不同而有所区别。

其次，进行会展市场调查还应该明确此次进行市场调查主要解决的问题是什么？明确了展会调查的目的后就应该准确把握数据的真正作用，将什么样的问题应该设计在调查问卷里面，什么问题需要进一步再问，这些问题通过市场调查可否得到答案，都是在调查工作开始之前应该心中有数的。

（二）制订会展调查方案

会展调查方案是对整个会展调查活动的指导。在明确了会展调查的目的后，就应该对会展调查进行策划，以指导接下来的调查工作，确保调查工作的有效执行。会展调查方案的内容应该包括：(1) 此次调查的目的是什么；(2) 此次调查活动的执行由企业自己组织还是交给专业的市场调查公司，也就是明确会展调查的提供者和使用者；(3) 明确调查的方法，为了得到理想的调查结果所选择的一种或几种抽样方法；(4) 此次会展调查活动持续多长时间；(5) 会展市场调查问卷的设计；(6) 资金预算和人员分工等。

（三）选择调研方法

会展市场调查的方式多种多样，企业为了得到真实的结果会结合企业自身的情况采用很多种调查方法相结合的形式进行。会展市场调查有三种基本的方法：观察法、询问法、试验法，这是很多市场调查单位经常使用的方法。

（四）抽样

抽样调查的方法主要有：

1. 纯随机抽样。这种方法是在全部总体中随意抽取样本若干个,纯粹是偶然的,没有目的的选择和限制,每个样本被抽取的机会是均等的。

2. 机械抽样。就是预先把总体中的单元按照无关顺序加以排列,然后每隔若干单位抽出一个单位作为样本。

3. 分层抽样。就是先将总体中性质相同的单位划分为组,然后在各组内用纯随机抽样或机械抽样的方法,按一定比例抽取一定数目的单位作为样本。

(五) 搜集数据

搜集数据是指市场调查人员通过一定的调查方法,例如填写调查问卷等,从而得到需要搜集的数据。数据搜集的过程很重要,数据的正确程度直接决定了调查的结果。

大多数会展数据是由市场调查公司、现场服务公司从展会现场搜集得到的,同时,展会的主办方通过其他渠道也会获取大量免费公开的信息。

(六) 分析数据

分析数据就是通过对所搜集的大量的数据进行分析来提出并解释结论。对于市场调查的数据分析需要具备一定的专业技巧和手段,专业分析人员不仅可以对数据进行简单的频率分析,同时能够使用复杂的多变量技术进行交换、聚类、因子等分析,建立回归模型,从而使搜集到的数据能解释更多的信息。分析数据的过程一般都要借助于专业的软件,尤其是在数据量非常庞大的情况下。

(七) 撰写报告

会展市场调查报告没有固定的格式,因提交对象的不同而有所不同。一般的市场调查报告都要求简明、清晰,如果报告是提交给政府部门用于宏观分析,那么,报告就应该详尽丰富。市场调查报告的结论需要有大量调查数据来支持。

(八) 跟踪反馈

跟踪调查结果的应用情况,不仅可以督促和帮助会展调查的提供者,还能有效地提高调研服务的水平。

二、会展市场调查的方法

(一) 观察法

提示:
观察法的类型有:直接观察、间接观察、参与观察、非参与观察、结构性观察和非结构性观察。

观察法是调查人员运用自己的感觉器官或借助一定的科学仪器,有目的、有计划地观察调查对象,记录结果并进行分析的一种直接调查方法。

观察的步骤:第一,制订观察计划,明确观察目的和内容,确定观察和记录方式、手段;第二,确定观察对象,包括观察范围和数量;第三,进入观察环境,接触观察对象,与其建立适当关系,但应以不改变观察对象的正常活动为原则;第四,边观察边记录,记录方法有利用音像设备、填写预测登记卡、笔记等;第五,分类整理、登记、存放观察记录。

观察时要掌握如下技巧:第一,选择合适的观察时间和场合;第二,按照主次、空间方位顺序安排观察顺序;第三,利用各种观察仪器和记录设备减少观察误差。

观察法的**优点是**:能了解事物的发展过程,可以获得许多可靠的第一手资料。**其缺点是：**观察结果带有一定的表面性或偶然性，不同的个体对同一现象的观察会因误差或主观因素导致不同的观察结果。

（二）访问法

访问法按照获得数据的方式不同主要有以下几种：

1. 网络调查。**网络调查是指在互联网上针对特定的问题进行的调查设计、搜集资料和分析等活动**。与传统调查方法相类似，网络调查也有对原始资料的调查和对二手资料的调查两种方式。互联网作为现代一种有效的信息沟通渠道，具有开放性、自由性、平等性、广泛性和直接性的特点，与传统调查相比，网络调查以成本低、速度快、隐匿性好、互动性强等特点，有着不可比拟的优势。

网络调查可分为网上问卷调查法、网上讨论法、网上实验法和网上观察法等方式。网络调查进行的同时就可以同步运用计算机及相关的统计分析软件对调查得到的信息数据进行整理分析，可以快速得到调查结果。

网络调查正在受到人们越来越多的重视。有人称，网络调查必将取代传统的调查方式，这是调查业发展的趋势和方向。但在现阶段，调查者必须面对的一个最主要的问题是：互联网调查的客观性，即网络调查的结果究竟在多大的程度上是可信的。所以网站调研还需要有其他多种调查方式相配合，以达到最佳的调查目的。

2. 街头拦访。**街头拦访**这种调查方法经常被使用到，访问员按照抽样的要求寻找合适的目标人群作为访问对象。

3. 入户访问。**入户访问指访问员按照研究项目规定的抽样原则到被调查者的家中或工作单位，找到符合条件的受访者。**

优点：直接与被访者接触，可以观察他（她）回答问题的态度；是一种严格的抽样方法，使样本的代表性更强；能够得到较高的有效回答率；对于不符合填答要求的答案，可以在访问当时予以纠正；可由访问员控制跳答题或开放式问题的追问。

缺点：人力、时间及费用消耗较大；可能出现访问员错误理解的情况；对访问员的要求较高；需要严格管理访问员。

由于入户访问本身所具有的独特优势，在民意测验中，入户访问目前已经成为国内最常用的一种访问方法。适用于时间、经费、人力充足，需要样本在较大程度上代表总体的调查项目。

4. 电话访问。当抽取的样本所在地区比较分散，或者采用街头拦访以及入户调查都不易找到这些人的情况下就需要电话访问。电话访问要求在调查时要注意说话的语速、语气，尽量少占用对方的时间，要求调查人员声音悦耳，反应迅速，能够回答客人临时提出的问题，并要注意对客户的个人信息保密。

5. 小组焦点访谈。这种调查方法是一种定性调查方法，当某些问题不能用定量法来说明时就可以采用这种方式。一位访员同时访问几位被访问者，根据大家对该问题的描述来获得此次调查的答案。要求主持人有较好的控制能力，能适当调节气氛，使整个会谈不偏离主题，被调查者能够在一个相对轻松开放的环境里真实地表达自己的想法。

6. 深度访谈法。深度访谈与小组焦点访谈的区别在于这是一对一的询问方式，是一位访员和一位被访问者之间的访问，也是以定性访问为主，能够针对某一问题阐述深刻的见解，对访员的资历要求较高。

（三）实验法

实验法一般都与询问法相结合使用，如某种新产品的上市，或者调查消费者对某一产品的使用情况，都可以采用这种方法，即请消费者先使用这种产品，然后说出他的感受，这样能直接得出消费者对有关产品的意见和建议，便于下一步工作的推行。

（四）二手资料分析法

这是一种相对比较轻松的获得调查结果的方法，可以在现有资料的基础之上省略很多个市场调查的步骤。使用这种方法的前提是充分信任他人提供的二手数据。

二手资料的来源有很多：

1. 展会主办方。展会主办方在展前、展中和展后都会进行很多次市场调查，他们的调查内容有参展商方面、观众方面、展会相关活动方面等等，并且有很多调查结果他们都会公布出来，这样就可以获得相关的调查结果。

2. 行业协会和政府部门。这些部门一般进行的是宏观方面的调查，如展会的规模对比，达成的交易额列举，对展会较为客观的评价。他们的调查结果一般都是公益性质的，可以免费对外提供相关调查结果。

3. 报纸杂志。很多报纸杂志为体现自己的专业性，也会发起一些市场调查，并把相关结果刊登出来。

4. 参展商。参展商在展会期间也会进行市场调查，调查观众的参观兴趣、观众组成、展会效果等。

5. 网络。在展会前后，很多网站也会发起一些市场调查，有的还会时时通报调查的统计情况。

6. 专业的市场调查公司。有时候市场调查公司自己也会选择项目进行市场调查，但是其结果一般需要通过购买的方式才能得到。

三、会展调查问卷的设计要点

（一）调查问卷的构成

调查问卷通常由以下三个部分组成：

第一部分：前言。主要说明调查的主题、调查的目的、调查的意义以及向被调查者表示感谢。

第二部分：正文。这是调查问卷的主体部分，一般设计若干问题要求被调查者回答。

第三部分：附录。这一部分可以将被调查者的有关情况加以登记，为进一步的统计分析搜集的资料。

（二）问卷设计的原则

1. 问卷上所列问题应该都是必要的，可要可不要的问题不要列入。

2. 所问问题是客户所了解的。所问问题不应是被调查者不了解或难以答复的问题。使人感到困惑的问题会让你得到的是"我不知道"的答案。在"是"或"否"的答案后应有一个"为什么"？回答问题所用时间最多不超过半小时。

3. 在询问问题时不要转弯抹角。如果想知道顾客为什么选择到你的店铺买东西，就不要问："你为什么不去张三的店铺购买？"这时你得到的答案是他们为什么不喜欢张三的店铺，但你想了解的是他们为什么喜欢你的店铺。根据顾客对张三店铺的看法来了解顾客为什么喜欢你的店铺可能会导致错误的推测。

4. 注意询问语句的措辞和语气。在语句的措辞和语气方面，一般应注意以下几点：

（1）问题要提得清楚、明确、具体。

（2）要明确问题的界限与范围，问句的字义（词义）要清楚，否则容易误解，影响调查结果。

（3）避免用引导性问题或带有暗示性的问题。诱导人们按某种方式回答问题使你得到的是你自己提供的答案。

（4）避免提问使人尴尬的问题。

（5）对调查的目的要有真实的说明，不要说假话。

（6）需要理解他们所说的一切。利用问卷做面对面访问时，要注意给回答问题的人以足够的时间，让人们讲完他们要讲的话。为了保证答案的准确性，将答案向调查对象重念一遍。

（7）不要对任何答案作出负面反应。如果答案使你不高兴，不要显露出来。如果别人回答，从未听说过你的产品，那说明他们一定没听说过。这正是你为什么要做调查的原因。

（三）调查问卷提问的方式

调查问卷提问的方式可以分为以下两种形式：

1. **封闭式提问**。也就是在每个问题后面给出若干个选择答案，被调查者只能在这些被选答案中选择自己的答案。

2. **开放式提问**。就是允许被调查者用自己的话来回答问题。由于采取这种方式提问会得到各种不同的答案，不利于资料统计分析，因此在调查问卷中不宜过多。

（四）调查问卷的设计要求

在设计调查问卷时，设计者应该注意遵循以下基本要求：

1. 问卷不宜过长，问题不能过多，一般控制在20分钟左右回答完毕。

2. 能够得到被调查者的密切合作，充分考虑被调查者的身份背景，不要提对方不感兴趣的问题。

3. 要有利于使被调查者作出真实的选择，因此答案切忌模棱两可，使对方难以选择。

4. 不能使用专业术语，也不能将两个问题合并为一个，以免得不到明确的答案。

  5. 问题的排列顺序要合理，一般先提出概括性的问题，逐步启发被调查者，循序渐进。
  6. 将比较难回答的问题和涉及被调查者个人隐私的问题放在最后。
  7. 提问不能有任何暗示，措词要恰当。
  8. 为了有利于数据统计和处理，调查问卷最好能直接被计算机读入，以节省时间，提高统计的准确性。
  9. 问卷的最后一定要向被调查者表示感谢。

四、会展市场调查报告

  在市场调查数据搜集的过程结束后，接下来是对数据进行统计分析，最后要以文字的方式来显示调查结果。会展调查报告的文本结构主要有以下几个部分：
  1. **标题**。标题一般都是"关于××的调查报告"，有的还有副标题。一般正标题表达调查的主题，副标题则具体表明调查的单位和问题。标题和报告日期、委托方、调查方一般应打印在扉页上。
  2. **目录**。如果调查报告比较长，可以采用目录的形式把调查的内容作一个列示，这样便于阅读。
  3. **前言**。又称导语，是市场调查报告正文的前置部分，要写得简明扼要，精炼概括。一般应交待调查的目的、时间、地点、对象、范围、方法等与调查者自身相关的情况，也可概括市场调查报告的基本观点或结论，以便使读者对全文内容、意义等获得初步了解。然后用一句过渡句承上启下，引出主体部分。例如一篇题为《关于全市2002年电暖器市场的调查》的市场调查报告，其引言部分写为："××市北方调查策划事务所受××委托，于2003年3—4月在国内部分省市进行了一次电暖器市场调查。现将调查研究情况汇报如下……"用简要的文字交待出了调查的主体身份，调查的时间、对象和范围等要素，并用一个过渡句开启下文，写得合乎规范。这部分文字务求精要，切忌啰唆繁杂；视具体情况，有时亦可省略这一部分，以使行文更趋简洁。
  主要包括四方面内容：（1）简要说明调查目的；（2）简要介绍调查对象和调查内容，包括调查时间、地点、对象、范围、调查要点及所要解决的问题；（3）简要介绍调查研究的方法，这有助于使人确信调查结果的可靠性，因此对所用方法要进行简短叙述，并说明选用方法的原因；（4）要说明问卷的回收率和合格率，只有回收率和合格率达到了要求的比率，该调查结果才能用于以后的科学分析。
  4. **正文**。这部分是展会市场调查报告的核心，也是写作的重点和难点所在。它要完整、准确、具体地说明调查的基本情况，进行科学合理的分析预测，在此基础上提出有针对性的对策和建议。具体包括以下三方面内容：
  （1）情况介绍。展会市场调查报告的情况介绍，即对调查所获得的基本情况进行介绍，是全文的基础和主要内容，要用叙述和说明相结合的手法，将调查对象的历史和现实情况包括市场占有情况、生产与消费的关系、产品、产量及价格情况等表述清楚。在具体写法上，既可按问题的性质将其归结为几类，可采用设立小标题的形式，还可以按时间顺序，或者列示数字、图表或图像等加以表述说明。但无论如何，都要力求做到准确和具体，富有条理性，以便为下文进行分析和提出建议提供坚实充分的依据。

（2）分析预测。展会市场调查报告的分析预测，即在对调查所获得的基本情况进行科学分析的基础上，对市场发展趋势作出全面的预测，它直接影响到高层的决策行为，因而必须表述清晰。要采用议论的手法，对调查所获得的资料进行分类分析，进行科学的研究和推断，并形成符合事物发展变化规律的结论性意见。用语要富于论断性和针对性，做到析理入微，言简意明，切忌脱离调查所获资料随意发挥。

（3）营销建议。这层内容是会展市场调查报告写作目的和宗旨的体现，要在上文调查情况和分析预测的基础上，提出具体的建议和措施，供决策者参考。要注意建议的针对性和可行性，能够切实解决问题。

正文是市场调查分析报告的主体部分。这部分必须准确阐明全部有关论据，包括问题的提出到引出的结论，论证的全部过程，分析研究问题的方法，还应当有可供市场活动的决策者进行独立思考的全部调查结果和必要的市场信息，以及对这些情况和内容的分析评论。

阅读材料

一、调查问卷

大美展览2006年太阳能展会市场调查表

尊敬的太阳能同行朋友，您好！

大美展览公司在您的关注和信任下，已经成长壮大起来了。成功地打造了"济南春交会"、"沈阳东北展"、"常州秋交会"三大品牌会，备受业内人士关注。为了给您提供一个更为实用、广阔的交流平台，为了让我们的展会从各方面都能在原有的基础上提升一个高度。我们非常荣幸地邀请您参加我们的调查活动，希望通过您的帮助与支持让我们共同分享更多的成功与财富。

您的个人信息：

姓名：　　　　　　公司名称：　　　　　　职位：
电话：　　　　　　传真：　　　　　　　　所在城市：

请回答如下问题：

1. 您主要经营太阳能方面的哪类产品：
□配件、原材料　□配套设备　□太阳能整机　□太阳能光伏、光电产品　□其他（请注明　　　）

2. 您一般采取何种方式宣传自己的产品：
□杂志广告　□展览、展销　□网络宣传　□电视、广播　□其他（请注明　　　）

3. 您参加过大美展览公司举办的下列太阳能展会吗?
   □济南春交会　□沈阳东北展　□常州秋交会
4. 您觉得什么形式的会议效果会更好:
   □展览　□展销　□营销论坛　□行业研讨　□其他（请注明　　　）
5. 每次展会信息您都是通过哪种渠道得知的:
   □《太阳能信息》报　□中国太阳能网　□www.cn-solar.net　□手机短信　□同行转达　□其他（请注明　　　）
6. 您参会的主要目的是:
   □买、卖现场展品　□寻找经销商、合作伙伴　□了解行业信息　□其他（请注明　　　）
7. 您参会时对哪类产品感兴趣:
   □整机　□配件、原材料　□配套设备　□太阳能光伏、光电产品　□其他（请注明　　　）
8. 您是否有参加展会的经历:
   □经常参加　□参加过　□从未参加过
9. 如果在同期、同地、举办同类展会什么因素会影响到你去那里参会:
   □举办单位的实力　□展会规模的大小　□展位的费用　□其他（请注明　　　）
10. 您对我公司（大美展览公司）举办过的展会感觉效果如何:
    □很好　□一般　□不好
11. 您对我公司（大美展览公司）举办过的会议了解吗?
    □非常了解　□不太了解　□一点都不了解
12. 每届展会明显的不足体现在哪方面:
    □时间　□地点　□服务　□其他（请注明　　　）
13. 您准备参加2006年9月10—12日在常州国际展览中心举办的第四届常州秋交会吗?
    □参加　□不参加
14. 在我们展会服务和其他方面有什么具体要求及好的建议:
15. 在2006年里您愿意看到在什么时间、什么地方举办展会？原因是什么？
    您的宝贵意见就是我们共同的成功与财富。多谢支持！
    此次活动最终解释权归大美展览公司所有（此表复印有效）。

（资料来源：大美展览公司）

二、调查报告

××市会展发展调查报告

展览经济发轫于商品交换，随市场经济的发展而日益繁荣。展览经济是能够为经济界或企业界定期提供集聚、检阅行业发展状况、研究行业发展方向的机会、场所和平台的经济形态，通过商品、信息、资金、技术供需双方面对面的交流，引导行业发展潮流，扩展行业发展空间，提供市场机会，促进要素流动，从而发挥市场配置资源的基础性作用，展览经济因而被誉为"地区（行业）经济发展的风向标"。

会展经济作为一种新的经济形态，已成为我市国民经济发展的新的增长点。依托地区优势，高起点推进我市会展经济发展，是实现市委、市政府提出的发挥省会经济，构建和谐城市的要求，促进我市经济建设快速、健康向前发展的一项重要举措。为了对我市会展经济的发展趋势及会展工作的思路规划提供依据，市发改委对全市会展工作的情况进行了调研，对20多家会展企业发放了调查表，重点走访了8家资质好、具有一定规模的会展企业，并与企业就我市会展经济的发展前景以及会展业务进行了深入细致的交流与探讨，听取了意见和建议，同时赴部分国内会展经济发达的先进城市进行了学习交流。现将有关情况汇报如下：

（一）我市会展业发展的现状

1. 我市会展业发展的软硬件设施。我市目前已具备举办大型国际展会软、硬件环境。从硬件上看，近年来，我市已陆续投资近十亿元人民币建成了2处大型专业展馆。包括现有舜耕国际会展中心和国际会展中心两大专业会展场馆以及省科技馆等多个兼容性场馆，可供展览使用面积15万多平方米，可搭建国际标准展位近4000个。其中国际会展中心拥有室内展馆11万平方米，单体面积在国内处于领先地位；舜耕国际会展中心拥有室内展馆3.6万平方米，已获得ISO9001国际质量体系认证。银座索菲特、贵和皇冠假日等等众多的高等级的星级宾馆是召开大型会议的理想场所。从软件上看，我市展览的服务体系基本形成。全市拥有30多家具有一定规模的展览公司和一大批经验丰富、善组织、能策划、懂市场、会促销的专业会展人员。

2. 我市展览业的知名品牌展会。2000年以来，我市先后成功举办了全国百货交易会、全国农机产品定货会、全国教育设备仪器展、全国木工机械展、中国电力电工设备展、医疗器械展、中国济南国际旅游交易会、齐鲁春秋季房车展、现代生活方式展、中国（济南）国际茶博会、中国（济南）国际信息博览会等一系列知名展会。

3. 近年来我市会展业发展的趋势和特点。我市会展业发展从1996年开始起步，经历了1996—2002年的起步发展阶段和2003年以后的快速壮大阶段，呈现出越来越明显的行业发展趋势。

（1）展览会数量增加。2004年全市举办展会70余个，比上年增加10%。其中国际展10个，比上年增加8.5%，国内展45个，比上年增加15%。

（2）会展规模扩大。以舜耕国际会展中心为例，比较有代表性的汽车展，从上届展出1万平方米，增加到1.3万平方米，增幅30%；中国家具及木工机械展从上届展出9000平方米，增加到1.3万平方米，增幅40%。

（3）专业性越来越突出。由综合性展览会向专业化、主题化发展。会展公司已经从承办综合展会为主向展会专业化细分方向转变。

（4）展览会主题扩大。由原来的生活类展会居多，向医疗器械、电力电工等专业展主题拓展。

（二）我市发展会展经济的优势分析

进入新世纪，展览业成为我市服务业中增长快、发展潜力大、前景看好的行业之一，有着得天独厚的发展优势和良好的发展机遇。

1. 丰富的旅游自然资源。我市丰富的自然旅游资源将为会展业的发展创造有利的条件。我市素有"泉城"的美名，随着泉水的复涌和泉水旅游的开发和兴起，我市已经从一个旅游的中转站向旅游的目的城市转变，而这也为我市的会展业发展提供了良好的契机，吸引了广大参展商在开拓山东市场的主观期望下，同时愿意领略我市独特的旅游景观和美丽的自然风光。

2. 深厚的历史文化。丰富的历史文化资源将为会展业的发展，特别是相关专业会议和展览的举办创造独特优势。我市作为一个拥有2200年历史的文化名城，有齐长城、龙山文化遗址、洛庄汉墓等文物古迹以及李清照等名人故居等，同时高等院校和出版社云集，城市文化氛围浓厚，适宜举办大型书市和各类科技教育展会。

3. 交通枢纽地位的形成和日新月异的城市道路基础设施建设为会展业的发展提供相对便利的交通条件。我市是山东半岛城市群和高速公路管网的核心，也是全国重要的铁路枢纽和公路交通中心，是全国人流、物流和资金流的重要集散地之一，交通四通八达，物流运输便利，有利于参展人员的参展和展会设备的运送。

4. 快速增长的地方经济和不断增强的辐射带动作用为会展业的发展提供了有力的支持。我市始终保持的较快经济增长态势和日益突出的龙头带动辐射作用为展会经济的发展提供了良好的产业基础和经济保障，民营经济的不断发展壮大更是为会展经济提供了持续不断的市场需求。

5. 丰富的科研力量和人力资源为展会的专业化提供了有力的保障。我市高等院校众多和相对丰富的人才培养渠道为展会向知识化、产业化、高级化发展提供了必要的人力支持。

6. 省会城市的特殊功能为会展业的发展提供了强有力的政治支持。我市着力突出发展省会经济的战略和思路，使各级领导对会展业的关注、重视和扶持力度不断加大，而这也正是展会经济实现突破性发展的必不可少的条件，与其他城市相比，同等条件下在我市办展会能够比较容易地取得省级部门的鼎力支持和主办授权，同时也能够更有可能请到省级领导莅临出席展会，从而更容易塑造品牌展会，提升展会的知名度和影响力。

（三）我市会展业存在的问题

我市的展览业刚刚发展不到十年的时间，虽然取得了一定发展，但就整体规范性、竞争力、效益水平而言，尤其与先进城市相比还有很大差距，存在着一些亟须解决的问题。

1. 社会各界尤其是各级政府对会展业发展的重视程度不够，会展业发展水平不高，和经济发展水平以及省会经济发展要求不相适应。目前我市处于全国会展业发展的第三类城市，发展水平尚属于初始状态，占GDP比重较低。

2. 会展公司的综合竞争力较差。我市从事会展经营与会展服务的企业仅30家，专业公司就更少了，而上海就有8000家会展行业企业。在我们的会展企业中，90%是民营企业，它们大多处于创业积累期，更没有一家展览集团。

3. 部分会展配套产业相对落后。与会展相适应的住宿、展览装修、广告、物流等相关产业配套落后，在承接国家级规模展会上受到极大制约。

4. 对展会和展馆的市场化无序竞争缺乏有效的调控和管理，政府缺位客观上造成会展发展的环境恶化。我市由于缺乏一个对会展业管理的宏观管理部门，致使我市的会展业发展存在多头管理和无序竞争的现象，各会展公司之间、展馆之间存在着展会克隆和竞相压价等情况比较严重。

5. 民营经济发展水平的相对滞后致使会展的参展商资源匮乏，缺乏刺激会展经济持续发展的活力和后劲。民营企业是展会的主要参与力量，民营经济的发展水平高低能够在一定程度上促进或制约本地会展经济的发展。

6. 会展环境远不及全国会展经济发达的城市。仅以办理办展手续为例，由于展览会涉及工商、税务、消防、公安、城管、卫生等多个执法部门，需要到不同的主管部门办理，我市的很多部门收费合法不合理的过多，收费相比国内很多城市的不收或象征性的收，给我市的城市形象和会展经济发展的环境带来了很多负面影响，致使现在有的展览公司跑到北京、上海、青岛注册公司，展会也有向外转移的迹象。

（四）我市会展业发展的对策

1. 确立会展业发展的目标，全面提升会展业发展的地位，确立会展业发展的主导产业地位。会展业的发展，建设区域性会展中心城市，这是我市会展业发展的总体目标。我市发展会展业的基本思路是：遵循"立足山东、面向海内外、服务全中国"的宗旨，按照"品牌国际化、管理规范化、运作市场化、服务智能化"的方针，借助地处区位优势，优化资源配置，加强规划引导，发展多门类、高档次、强辐射的会展业，使之成为全市经济发展的主导产业。

2. 营造规范有序的会展业发展环境。加强会展业发展的规划、指导和管理，建立与国际接轨的公平、公正、公开的竞争秩序，是促进会展业健康发展的客观要求。一是改革和完善传统管理体制，将管理重点转移到规划、调整、服务和政策指导上，按照市场规律引导会展业有序、健康、持续发展；二是制定并完善有关的法规和制度，加快培育独立参与市场竞争的会展业市场主体；三是有重点地支持一批品牌展会和会展企业发展，促进优胜劣汰，使那些能够体现省会中心城市形象和地位，符合我市省会经济发展要求的品牌展会和会展企业脱颖而出；四是尽快研究制定相关管理办法，规范会展业的多头管理和收费，建立一站式服务制度。

3. 大力扶持会展骨干企业做大做强，努力培植会展企业集团。我市的会展发展经历了数量扩张的过程，展览场馆、办展主体、参展企业、相关服务行业都已形成一定规模，具备了通过在价格战、品牌战基础上的同业整合从量变向质变飞跃的基础。实现这一飞跃，将使我市展览业应当从简单的外延扩张转向高效的内生增长，从粗放经营转变为集约经营。

4. 加强会展的人才建设工作力度，培养引进一批专业素质高的会展人才队伍。加快人才培养，培育一支熟悉会展业务、富有经验的专业队伍，是加快我市会展业发展的根本举措。采用"两条腿走路"的办法，实施人才培养和引进战略：一是在我市的大专院校中设立专门的会展经济专业，培育专业人才，同时由政府会展管理部门组织经常性短期培训，对现有会展专业人员进行"充电"和提高；二是发挥省会城市人才聚焦效应，广泛招聘吸引国内外高素质会展专业人才，建立一支与现代化的城市相适应的会展专业人才队伍。

（资料来源：http://www.cce365.com）

活动训练

1. 设计一份关于学生就业情况的调查问卷。
2. 撰写该调查报告。

模块二 立项策划书

一、会展立项策划书的概念

会展立项是在会展调查的基础之上进行的，根据掌握的各种市场信息，对即将举办的展会的有关事宜进行初步规划，设计出展览会的基本框架，提出计划举办的展览会的初步规划内容。**会展立项策划的内容**主要包括：展会的名称、时间、频率和地点，办展机构，展品范围，展会规模，展会定位，招展、招商策划，展会宣传推广计划，展会进度计划，现场管理计划，相关活动计划，人员分工，展会预算等内容。

会展立项策划书是为策划举办一个新展会而提出的一套办展规划、策略和方法的书面方案，它是对以上各项内容的归纳和总结。

二、会展立项策划书的结构

各会展企业立项策划书的结构各不相同，但大体都包括以下几方面的内容：

1. 办展市场环境分析。是指我们所举办的这个展览题材（如新能源展览会）当前的行业现状、国家的有关法律、法规和新的政策信息、与这个展览会同类的展览会情况，以及展览会举办地市场的分析。
2. 展会的基本框架的确定。包括展会的名称和举办地点、办展机构、展品范围、办展时间、办展频率、展会规模和展会定位等内容。
3. 展会价格及初步预算方案。
4. 展会工作人员分工计划。
5. 展会招展计划，包括展会的展区安排、展位划分和招揽企业参展的计划。
6. 展会招商计划。
7. 展会宣传推广计划。
8. 展会筹备进度计划。
9. 展会服务商安排计划。
10. 展会开幕和现场管理计划。
11. 展会期间举办的相关活动。
12. 展会的结算计划（展览会的收支结算）。

三、会展立项策划书编写要求

(一) 展会名称

展览会的名称一般包括三个方面的内容：基本部分、限定部分和行业标识。

基本部分：用来表明展览会的性质和特征，常用词有：展览会、博览会、展销会、交易会和"节"等。

限定部分：用来说明展会举办的时间、地点和展会的性质。展会举办时间的表示办法有三种：一是用"届"来表示；二是用"年"来表示；三是用"季"来表示。如"第二届大连国际服装节"、"2007年广交会"、"法兰克福春季消费品展览会"等。展会举办的地点在展会的名称里也要有所体现，如"第三届大连国际服装节"中的"大连"。展会名称里体现展会性质的词主要有"国际"、"世界"、"全国"、"地区"等。

行业标识：用来表明展览题材和展品范围。如"2008北京国际汽车展览会"中的"汽车"表明本展会是汽车产业的展会。行业标识通常是一个产业的名称，或者是一个产业中的某一个产品大类。

(二) 展会地点

策划选择展会的举办地点，包括两个方面的内容：一是展会在什么地方举办，二是展会在哪个展馆举办。另外还要确定是在不同的城市轮流举办，还是在一个城市固定举办？策划选择展会在什么地方举办，就是要确定展会在哪个国家、哪个省或者是哪个城市里举办。策划选择展会在哪个展馆举办，就是要选择展会举办的具体地点。具体选择在哪个展馆举办展会，要结合展会的展览题材和展会定位而定。另外，在具体选择展馆时，还要综合考虑使用该展馆的成本的大小如何、展期安排是否符合自己的要求以及展馆本身的设施和服务如何等诸多因素。

(三) 办展机构

办展机构是指负责展会的组织、策划、招展和招商等事宜的有关单位。办展机构可以是企业、行业协会、政府部门和新闻媒体等。

根据各单位在举办展览会中的不同作用，一个展览会的办展机构一般有以下几种：主办单位、承办单位、协办单位、支持单位等。

主办单位：拥有展会并对展会承担主要法律责任的办展单位。主办单位在法律上拥有展会的所有权。现实情况是这些主办单位既不参与展会的实际策划、组织、操作与管理，也不对展会承担法律责任。

承办单位：直接负责展会的策划、组织、操作与管理，并对展会承担主要财务责任的办展单位。

协办单位：协助主办或承办单位负责展会的策划、组织、操作与管理的单位。协办单位一般不承担财务责任，也不承担展会的主要招展和招商工作，只对主办或承办单位的工作起协助作用。

支持单位：对展会主办或承办单位的展会策划、组织、操作与管理或者是招商和宣传推广等工作起支持作用的办展单位。支持单位有时候也承担一些展会的招商和宣传推广工作，但基本不参与展会的招展工作，也不对展会承担任何财务责任。

(四) 办展时间

办展时间是指展会计划在什么时候举办。办展时间有三个方面的含义：一是指展会的具体开展日期；二是指展会的筹展和撤展日期；三是指展会对观众开放的日期。

展览时间的长短没有一个统一的标准，要视不同的展会具体而定。有些展会的展览时间可以很长，如"世博会"的展期长达几个月甚至半年；但对于占展会绝大多数的专业贸易展来说，展期一般以3天为宜。

(五) 展品范围

展会的展品范围要根据展会的定位、办展机构的优势和其他多种因素来确定。根据展会的定位，展品范围可以包括一个或者几个产业，或者一个产业中的一个或几个产品大类。例如，"博览会"和"交易会"的展品范围就很广，如"中国旅游产品交易会"的范围就涵盖景区、旅行社、酒店、交通、相关旅游纪念品等多项内容；而"国际印刷机械展览会"的展品范围涉及的产业就只有印刷机械产业一个。

(六) 办展频率

办展频率是指展会是一年举办几次还是几年举办一次，或者是不定期举行。从目前展览业的实际情况看，一年举办一次的展会最多，约占全部展会数量的80％，一年举办两次和两年举办一次的展会也不少，不定期举办的展会已经是越来越少了。

> **相关链接**
>
> 办展频率的确定受展览题材所在产业特征的制约。我们知道，几乎每个产业的产品都有一个生命周期，产品的生命周期对展会的办展频率有着重大的影响。产品的投入期和成长期是企业参展的黄金时期，展会的办展频率要牢牢抓住这两个时期。

(七) 展会规模

展会规模包括三个方面的含义：一是展会的展览面积是多少；二是参展单位的数量是多少；三是参观展会的观众是多少。在策划举办一个展会时，对这三个方面都要作出预测和规划。

在规划展会规模时，要充分考虑产业的特征。展会规模的大小还会受到展会观众数量和质量的限制。

(八) 展会定位

通俗地讲，展会定位就是要清晰地告诉参展企业和观众本展会"是什么"和"有什么"。具体地说，展会定位就是办展机构根据自身的资源条件和市场竞争状况，通过建立和发展展会的差异化竞争优势，使自己举办的展会在参展企业和观众的心目中形成一个鲜明而独特的印象的过程。

展会定位要明确展会的目标参展商和观众、办展目标、展会的主题等。

(九) 展会价格和展会初步预算

展会价格就是为展会的展位出租制定一个合适的价格。展会展位的价格往往包括室内展场的价格和室外展场的价格，室内展场的价格又分为空地价格和标准层位的价格。

在制定展会的价格时，一般遵循"优地优价"的原则，即那些便于展示和观众流量大的展位的价格往往要高一些。展会初步预算是对举办展会所需要的各种费用和举办展会预期以获得的收入进行的初步预算。

在策划举办展会时，要根据市场情况给展会确定一个合适的价格，这样对吸引目标参展商参加展会十分重要。

（十）人员分工、招展招商和宣传推广计划

人员分工计划、招展计划、招商计划和宣传推广计划是展会的具体实施计划，这四个计划在具体实施时会互相影响：

人员分工计划是对展会工作人员的工作进行统筹安排；

招展计划主要是为招揽企业参展而制定的各种策略、措施和办法；

招商计划主要是为招揽观众参观展会而制定的各种策略、措施和办法；

宣传推广计划则是为建立展会品牌和树立展会形象，并同时为展会的招展和招商服务。

（十一）展会进度计划、现场管理计划和相关活动计划

展会进度计划是在时间上对展会的招展、招商、宣传推广和展位划分等工作进行的统筹安排。它明确在展会的筹办过程中，到什么阶段就应该完成哪些工作，直到展会成功举办。展会进度计划安排得好，展会筹备的各项准备工作就能有条不紊地进行。

现场管理计划是展会开幕后对展会现场进行有效管理的各种计划安排，它一般包括展会开幕计划、展会展场管理计划、观众登记计划和撤展计划等。现场管理计划安排得好，展会现场将井然有序，秩序良好。

展会相关活动计划是对准备在展会期间同期举办的各种相关活动作出的计划安排。与展会同期举办的相关活动最常见的有技术交流会，研讨会和各种表演演出等，它们是展会的有益补充。

阅读材料

第九十一届中国现代办公自动化设备展览会

办展机构

主办单位：××商业协会

　　　　　××市人民政府

承办单位：××文化用品公司

　　　　　××会展有限公司

组团单位：××协会

协办单位：××贸促会

　　　　　××展览有限公司

××股份有限公司

执行机构：××展览有限公司

展会背景

新的世纪，信息产业成为促进世界经济发展的重要推动力，作为信息化的重要组成部分——办公自动化成为一个国家现代化的重要标志。当今文化办公用品已从有纸办公向无纸办公快速发展，并随着文化办公用品的升级换代，办公自动化设备成为实现商务信息化、政务信息化、教育信息化必不可少的办公设备。随着新的经济及电子网络的发展给中国的办公自动化工作带来了新的机遇和挑战。我国的政府机关、企事业单位抓住这一契机，提高自己的运作效率，加快推动网络时代的进程，很大程度上取决于单位内办公自动化水平。

第91届现代办公自动化设备展览会无论对厂商还是政府机关、企事业单位用户，无疑都是一次难得的机遇。本次展会以重点展示"现代办公自动化的全面解决方案"，新产品展示、贸易洽谈、政府采购、技术交流、信息发布为一体，以"真诚服务行业，惠及广大展商，提供优质产品，回报广大客户"为宗旨。

日程安排

报到时间：××年×月×日至×日

布展时间：××年×月×日至×日

交易时间：××年×月×日至×月×日

展品范围

1. 通用办公设备展区。

办公印刷设备：数码复印机、多功能数码智能复印机、工程复印机、胶印机、一体机、高速晒图机、名片系统等；

办公文件整理设备：装订机、配页机、折图机、碎纸机等；空调、门警、考勤设备等。

2. 通讯设备展区。

传真机、程控电话、移动通信设备、电话机、答录机、电话会议系统。

3. 行业办公设备展区。

条码打印机/扫描器/商业POS机/对讲机/雕刻机/金融办公自动化设备/商业办公自动化设备/刻字机等。

4. 会议培训及移动办公设备展区。

投影机、电子白板、笔记本电脑、智能手机、电子辞典、掌上电脑。

5. IT产品及设备展区。

计算机及外设：台式PC机、服务器、打印机、扫描仪、绘图仪等；

办公软件及网络产品：办公应用软件/办公系统平台/系统集成/网络设备/网络工程等。

6. 办公设备耗材展区。

打印机/复印机/传真纸/墨盒/墨粉/打印头/色带/硒鼓/碳粉/油墨等。

展馆位置（略）

宣传推广

参展商

中国大陆、中国台湾、日本、韩国、法国、瑞士、美国等企业。

采购商

各省市组团、大型百货、文化商场、超市、连锁集团、零售企业、政府机关、企事业单位采购团等。

宣传活动

依托中国百货商业协会遍布全国的庞大的商业网络优势，最大限度地组织进货商参会交易，使用宣传媒介和传媒信息网络。

中国文化用品商品交易会得到全国各省、市、自治区领导以及国内外知名厂商、业内人士及媒体的一致肯定。

展会主要特点

中国文化用品商品交易会历经45年、90个春秋展次，是当今国内贸易最具规模和影响力最大的专业盛会，现代办公自动化设备展凭借中国百货商业协会的号召力和历届规模的骄人业绩，也将成为名品荟萃、精英汇集的展会。

为了办好中国文化用品商品交易会，本届增设现代办公自动化设备展及增加政府采购，为企业提供政府采购市场竞争的平台和机会。

两岸机构首次联手打造现代办公自动化设备展。

展览服务

展品到站：

1. 铁路到站：展品要求布展前10天运达××火车站。
2. 空运到站：展品要求布展前10天运达××国际机场。
3. 自　　运：参展单位自运的商品要求布展前2天到达展览中心。
4. 收 货 人：××公司（不要写具体人姓名及展会名称）。

地　　址：××××

电　　话：××××

邮　　编：××××

联系人：×××

5. 发运后请将领货凭证和清单用特快专递寄交收货人。
6. 请在展品包装箱两面标明：第91届中国现代办公自动化设备展览会、展馆层号、展位号、箱号、体积（长×宽×高）、毛重（kg）。

配套服务：

1. 为参展企业提供广告宣传服务，具体项目价格见广告组合，客户如有特殊广告要求，请随时与筹备办联系洽谈。
2. 为参展企业安排新闻发布会新产品推广及专场研讨会等商务活动。
3. 本届交易会为参会客商提供多家三星级以上宾馆，分别有××宾馆、××饭店、××饭店、××饭店等，并提供接站、接机、展品接发运、代购车票、机票等全方位的会务交通服务。

（资料来源：http://www.guobangexpo.com）

活动训练

1. 模拟范文,撰写中职毕业生创业成果展项目策划书。
2. 策划本校学生成人仪式,撰写活动策划书。

模块三　会展项目立项可行性报告

一、会展项目立项可行性报告的概念

会展项目立项可行性研究报告就是在对会展立项进行可行性分析的基础上完成的研究报告。会展立项可行性分析是展会项目立项策划的继续。会展项目立项策划主要是在掌握各种信息的基础上,会展项目策划是举办展览的基础,是展览获得成功与持续发展的保障,会展项目立项策划通过对举办展会的外部环境、内部环境以及内外部环境的综合性研究,提出计划举办什么样的展会;并在仔细研究各种信息的基础上,深入分析举办会展立项策划提出的展会举办是否可行,为最后是否举办该展会提供科学的决策依据。

完成了会展立项策划书,并不意味着该立项的展会就可以顺利举办了。项目立项只是对举办什么题材的展会和如何举办该展会提出了一个初步的意见,制订了一套初步的方案,至于该展会是否真的可以举办和该方案是否真的可行,还需要对该会展项目及方案进行可行性分析。可行性分析的结论及其他必须考虑的因素,才是决定最后是否可以举办该展会的最终依据。

如果会展立项策划通过可行性分析,证明计划举办展会的市场条件具备,项目具有生命力,各种执行方案策划合理,项目在经济上可行,风险较小且有一定的社会效益,就可以通过该展会立项策划,决策举办展会。

二、会展项目立项可行性报告内容结构与写作要求

会展项目立项可行性研究报告要对会展立项是否可行作出系统的评估和说明,并为最终完善该展会项目立项策划的各具体执行方案提供改进依据和建议。会展项目立项可行性研究报告结构如下:

(一)市场环境分析

市场环境分析是会展立项可行性分析的第一步,它是根据展会立项策划提出的展会举办方案,在已经掌握的各种信息的基础上,进一步分析和论证举办展会的各种市场条件是否具备,是否有举办该展会所需要的各种政策基础和社会基础。市场环境分析不仅要研究各种现有的市场条件,还要对其未来的变化和发展趋势作出预测,使立项可行性分析得出的结论更加科学合理。

市场环境分析是从计划举办展会项目的产业外部因素出发来分析举办该展会的条件是否具备。具体包括:

1. **宏观市场环境分析**。包括对人口环境、经济环境、技术环境、政治法律环境、社会文化环境等内容进行分析,并详细了解国家的政策、发展规划、关税与进出口的限制与禁止、货币政策、市场准入规定等内容。

2. **产业现状及发展趋势分析**。包括对产业性质、产业规模、产业分布、厂商数量、销售方式、技术含量等内容进行客观分析。

3. **市场格局与市场细分**。分析该产业市场内部企业之间的竞争关系以及政府对该产业的控制力和影响力,然后通过市场细分找出产品的差异性,同时找出产业与其他产业的相关性。

4. **展览市场需求与竞争因素分析**。通过对同类型展览的数量、规模、地域分布分析找出谁是主要竞争对手,并对其实力进行分析。

(二) 会展项目生命力分析

会展项目生命力分析是从计划举办展会项目的产业本身出发,分析该展会是否有发展前途,是否具有持续发展的生命力。因此,它不是简单地只分析展会举办一届或两届的生命力,而是要分析该展会的长期生命力,即要分析如果本展会举办超过五届以上,是否还有发展前途。会展项目生命力分析具体包括:

1. **项目发展空间**。即分析举办该展会所依托的产业空间、市场空间、地域空间、政策空间等是否具备。

2. **项目竞争力**。包括展会定位的号召力、办展机构的品牌影响力、参展商和观众的构成、展会价格、展会服务以及同类展览的数量及增长情况以及竞争对手的实力变化等多项内容。

3. **办展机构优劣势分析**。通过对展会举办者的产业背景、资金实力、人力资源配置以及办公设备、通信、交通工具等硬件条件的分析,提出展会组织者的举办展会所具备的优势劣势。

4. **客户关系**。参展商、观众数量与质量的进一步挖掘,展会组织者加强与展馆和其他服务商以及参展商的关系维护。

5. **风险预测**。从展会立项可行性分析的角度看,风险就是办展机构在举办展会的过程中,由于一些难以预料和无法控制的因素的作用,使办展机构举办展会的计划和举办展会的实际收益与预期发生背离,从而使办展机构举办展会的计划落空;或者是即使展会如期举办,但办展机构有蒙受一定的经济损失的可能性。其主要风险有:市场风险、经营风险、财务风险和合作风险等。

(三) 会展执行方案分析

会展执行方案分析是从计划举办会展项目本身出发,分析该会展项目立项计划准备实施的各种执行方案是否完备,是否能够保证会展计划目标的实现。会展执行方案分析的对象是该展会的各种执行方案,分析的重点是各种执行方案是否科学、合理,是否完备和具有可行性。

1. **对计划举办的展会的基本框架进行评估**。对于展会基本框架进行评估,重点不是分析构成展会基本框架的某一个因素的策划安排是否合理和可行,而是从总体上分析展会基本框架是否合理和可行。因为尽管对构成展会基本框架的每一个因素的策划安排单独地看可能是合理和可行的,但由这些因素所构成的展会基本框架从总体上看却可能存在着不合理和不可行的情况。所以，要避免这种"个体合理，群体冲突"现象的出现，因而对展会基本框架进行整体评估就显得十分重要。

> **对计划举办的展会的基本框架进行评估的具体内容包括：**
> (1) 展会名称和展品范围、展会定位之间是否有冲突；
> (2) 办展时间、办展频率是否符合展品范围所在产业的特征；
> (3) 展会的举办地点是否适合举办该展品范围所在产业的展会；
> (4) 在展会展品范围所在产业里能否举办如此规模和定位的展会；
> (5) 展会的办展机构在计划的办展时间内能否举办如此规模和定位的展会；
> (6) 办展机构对展会展品范围所在的产业是否熟悉；
> (7) 展会定位与展会规模之间是否有冲突。

2. 招展招商和宣传推广计划评估。具体内容包括：
(1) 招展计划评估；
(2) 招商计划评估；
(3) 宣传推广计划评估。

（四）会展项目财务分析

会展项目财务分析是从办展机构财务的角度出发，分析测算举办该展会的费用支出和收益。会展项目财务分析的主要目的是分析计划举办的展会是否经济可行，并为即将举办的展会制定资金使用规划。会展项目财务分析的内容包括：

1. **价格定位**。即展位费用的定价。
2. **成本预测**。举办一个展会的成本费用一般包括以下几项：
(1) 展览场地费用，即租用展览场馆以及由此而产生的各种费用。这些费用包括：展览场地租金、展馆空调费、层位特装费、标准层位搭建费、展馆地毯及铺设地毯的费用、展位搭装加班费等。
(2) 展会宣传推广费，包括广告宣传费、展会资料设计和印刷费、资料邮寄费、新闻发布会的费用等。
(3) 招展和招商的费用。
(4) 相关活动的费用，包括技术交流会、研讨会、展会开幕式、嘉宾接待、酒会、展会现场布置、礼品、聘请展会临时工作人员的费用等。
(5) 办公费用和人员费用。
(6) 税收。
(7) 其他不可预测的费用。

3. **收入预测**。举办一个展会的收入一般包括：(1) 展位费收入；(2) 门票收入；(3) 广告和企业赞助收入；(4) 其他相关收入。

4. **现金流量分析**。(1) 净现值分析；(2) 净现值率分析；(3) 获利指数；(4) 内部收益率。

5. **存在的问题和风险**。通过对会展项目立项可行性分析后，可以清晰地发现展会筹划和运作过程中存在的各种问题和风险，研究人员应在展会项目立项可行性分析报告中将发现的问题和风险一一列举出来，供决策者考虑。

6. **建议**。针对发现的问题及潜在风险，提出对会展项目立项策划的改进建议，指出要成功举办该展会所需要具备的其他条件以及需要调整的具体项目。

阅读材料

××年国际医疗技术展览会可行性研究报告

一、展览名称

××年国际医疗技术展览会

二、展览目的

当今世界医疗技术飞速发展，各种用于患者的先进技术产品层出不穷。本届展览会的目的就是将目前世界上最先进的医疗技术和器材介绍到国内来，以促进我国与国际上在医疗技术领域的交流与合作，进一步提高我国的医疗技术水平。

三、展览时间和地点

时间：××年×月×日至×日

地点：××会展中心

四、主办单位和分工

此次展览会由××会展中心有限公司与××展览有限公司联合举办。双方分工如下：

会展中心有限公司负责：提供展览场地，设计和搭建展台，安排开幕式和招待酒会，展场管理，印刷招展书、会刊和招展广告。

展览有限公司负责：展览会报批，国内外招展，联系支持单位，联系国内外招展代理人，与海关、公安、消防方面协调，邀请有关领导出席。

五、盈利分成

展览会盈利按下列比例分配：会展中心有限公司获55%，展览有限公司获45%。

六、展览面积和展位

展览面积5000平方米左右，共设350个国际标准展位（3米×3米）。

七、收支预测

预测一：

1. 展位价格：国内参展商5000元/标准展位；国外参展商10000元/标准展位。

2. 总收入：如展位全部出租，30%的展位由国外参展商租赁，则

总收入 = $5000 \times 350 \times 70\% + 10000 \times 350 \times 30\% = 2275000$（元）

3. 成本支出：

招展宣传：700000元

展馆费用：50000元

差旅费用：50000元

通信费用：30000元

公关费用：100000元

其他费用：200000元

共计支出：1580000元

4. 盈余：收支相抵，共盈余695000元。其中：

会展中心有限公司获利 695000×55% = 382250（元）

展览有限公司获利 695000×45% = 312750（元）

预测二：

1. 总收入：如展位全部出租，50%的展位由国外参展商租赁，则

总收入 = 5000×350×50% + 10000×350×50% = 2625000（元）

2. 盈余：收支相抵，共盈余1045000元。其中：

会展中心有限公司获利 1045000×55% = 574750（元）

展览有限公司获利 1045000×45% = 470250（元）

八、风险

如果展会因各种因素中途取消，则损失先期投入的费用为20万元左右。

九、结论

1. 本届展览会在正常经营条件下，仅办展一项（不计场馆内的广告收入和其他服务性收入）可获利 695000～1045000元，而风险损失仅约20万元，具有较好的经济效益。

2. 国际医疗技术展览会每年一届，通过举办本届展会，能够稳定老客户，吸引新客户，为下届展览会铺平道路。

3. 鉴于以上分析，建议举办本届国际医疗技术展览会。

××会展中心有限公司

××展览有限公司

×年×月×日

（资料来源：向国敏主编：《会展文案》，旅游教育出版社2007年版）

活动训练

1. 上网查询当前财经类中职毕业生就业市场环境。

2. 根据SWOT原理写出当前财经类中职毕业生就业市场分析报告。

第二单元　会展运作

模块一　招展方案策划书

一、招展方案策划书的基本内容

招展就是邀请参展商。招展策划书写作要有如下内容：

（一）产业分布特点

从宏观上介绍和指出本展览所在行业在全国的分布特点，指出各地区的产业发展状况，介绍该产业的企业结构状况及分布情况，这些内容是制订招展方案的重要依据。因此，这部分内容一定要密切结合产业实际，科学分析，力求准确无误，否则，以此为依据制订的招展方案就会严重脱离实际，没有可操作性。例如，如果对产业生产基地的分析有误，计划的招展重点地区就会出现偏差，计划的招展宣传的重点地区就会名不符实，使招展工作受到影响。

（二）展区和层位划分

介绍展会对展区和层位的划分与安排情况，并附上展区和层位划分平面图。展区和层位的合理划分要结合展会的展览题材和展会定位。

（三）招展价格

列明展会的招展价格及制定该价格的依据。招展价格是招展方案的核心内容之一，也是对招展工作有重大影响的因素之一。招展价格要合理，价格水平不能太高，也不能太低。

（四）招展函的编制与发送

主要介绍招展函的内容、编制办法和发送范围与方法。在做招展函的编制计划时，要考虑到招展函的印制数量、发送范围和发送方法等诸多问题。

（五）招展分工

对展会的招展工作作出安排，包括招展单位分工安排、本单位内招展人员及分工安排、招展地区分工安排等。

展会的招展单位一般不止一个。各单位招展工作混乱和招展地区出现交叉重叠是展会招展工作中的大忌。展会招展分工涉及两方面的内容：各招展单位之间的分工安排和本单位内招展人员及其分工的安排。

1. 各招展单位之间的分工。当展会是由几个单位共同负责招展时,必须明确各招展单位之间的分工,如各招展单位必须共同遵守的招展原则、各招展单位的计划招展面积、各单位负责的招展地区和重点目标参展商、层位费的收取办法、如何具体安排各参展商的具体展位等。对各招展单位的招展工作进行分工,是保证展会顺利招展的重要手段之一。

对各招展单位之间的招展分工必须合理、协调和具有可操作性,并兼顾到各方面的利益。如果分工不合理,有些单位就会缺乏招展的积极性,或者有些招展任务根本就是某些招展单位力所不能及的,这将严重影响展会的整体招展效果;如果分工缺乏协调性,就可能使各招展单位之间缺乏沟通,彼此信息不交流,会出现几个招展单位同时争抢同一家目标参展商的混乱局面;如果分工缺乏可操作性,招展分工就会失去约束力,成为纸上谈兵;如果分工没有兼顾到各方面的利益,就可能出现各招展单位竞相压价招揽企业参展的不利局面。

2. 本单位内招展人员及其分工安排。不管展会的招展工作是由几个单位共同负责,还是只由本单位一家负责,招展单位都要对本单位的招展人员及其分工作出合理的安排:第一,要确定招展人员的名单;第二,要明确各招展人员负责招展的地区范围和重点目标客户名单;第三,要制定各招展人员的信息沟通和工作协调机制;第四,制定统一安排层位的措施。与不同单位之间的招展分工一样,单位内招展人员之间的分工也要注意发挥各自的特长,统筹协调,要避免在招展过程中出现招展任务不明确、跟进措施不力、彼此信息不畅通等现象。

(六) 招展代理

对展会招展代理的选择、指定和管理等作出安排,对代理佣金水平及代理招展的地区范围与权限等作出规定。

指定展会招展代理是办展机构借用外部力量来做大做活招展业务的一种有效手段。它可以增加招展单位的业务网络,扩大业务规模,提高经济效益。指定展会招展代理,要尽可能地保证代理商的资质可靠,因为只有可靠的代理商才能切实地履行其职责,积极开展招展业务。

1. 招展代理的种类及其来源。根据展览项目的需要,展会的招展代理有以下四种形式:

(1) **独家代理**。在某一时期内,将某一地区的招展权赋予某一家代理商独家负责,在该地域内不再有其他的代理商为本项目代理招展,本招展单位也不得在该地域内招展。独家代理的业务范围较大,但一般要承诺完成一定数量的招展任务。

(2) **排他代理**。赋予代理商在某一地区一定时间内的招展权,在该地域内不再有其他的代理商为本项目招展,但本招展单位可在该地区招展。国外代理一般可采取这种形式。

(3) **一般代理**。在同一地区同时委托几个代理商作为本招展单位的招展代理,本单位也可在该地区招展,但须明确各代理单位的招展权限。采用此种方式时,代理条件必须统一、明确。

(4) **承包代理**。代理商承包一定数量的展位,不论能否完成约定的展位数

> 提示:
> 对各招展单位的招展分工一定要结合各单位的招展实力,充分发挥各招展单位的优势,做到优势互补、多方共赢,共同圆满完成展会的招展任务。

量，代理商都得按商定的展位费付给本单位。

> **相关链接**
>
> 　　公司、相关协会和商会、有关媒体、个人、国外驻华商务处、贸易代表处和公司等都可能成为招展代理。为保证代理的资质可靠，在指定某一机构为代理前，必须对其进行资质考察，只有符合条件的才能被正式确定为代理。
>
> 　　**公司**：对于从事代理招展的公司，要考察其过去的代理业绩、其所熟悉的行业和业务范围、业务覆盖地域、营业执照（包括发证单位和有效期等）、人员数量、业务规模、办公地点、法人代表等。
>
> 　　**协会和商会**：主要考察其成立的时间、覆盖的地域、会员数量、对行业内企业的感召力以及批准成立的部门等。
>
> 　　**媒体**：主要考察其发行量的大小、发行覆盖的地域、在行业内的权威性、对行业内企业的感召力和影响力等。
>
> 　　**个人**：请个人做代理尤其要加强考察其可靠性和信誉度，而且要着重考察并核实其身份、履历和经历、业务能力和道德品质等。
>
> 　　**国外代理**：考察其业绩、公司注册证件、个人有效证件、实力等。必要时可通过我国驻国外商务处、贸易代表处和公司协助了解。

2. 代理的聘用及代理期限。确定了需要哪种代理和哪种机构可以成为代理后，聘用代理的程序一般按如下步骤进行：(1) 取得必要的证明资料，对代理商进行资质验证，确定代理商的资质可靠；(2) 展会项目经理或业务员初步与代理商议定代理条件，项目总监或经理审查代理条件；(3) 公司负责人批准代理条件，签订代理合同。

代理的期限就是代理商代理招展权限的长短。对于不同的展会、不同的代理形式，应制定不同的代理期限。对于独家代理与排他代理，刚开始时不应将期限定得过长，可先试用一届（年），再视其业绩如何来确定时间的长短。对于一般代理，代理期限一般是一届（年），期满后视情况再决定是否继续，或向独家代理与排他代理转变。对于承包代理，代理期限一般是一届（年），期满后视情况再决定是否继续聘用。对于那些业绩稳定、信誉良好的代理商，可与其建立较长期的代理合作关系。

3. 代理商的权利与责任。聘用招展代理，要明确他们的权利与责任，只有权利与责任明确了，才能更好地开展代理的工作。

代理商的权利：按合同规定收取佣金；从办展机构获取招展必需的完整资料；按合同享受办展机构对展会及代理商的宣传推广支持；在规定的时间内预订的展位能得到保证。

代理商的责任：按合同规定的代理形式和条件切实履行职责，依法经营；有责任对所代理的展览项目进行宣传推广；定期向办展机构有关负责人汇报情况；对办展机构划定的展位不得有异议；维护办展机构和展会的声誉和形象；按办展机构规定的价格（或价格范围）招展，按时收取和缴纳参展款（含订金）；不得对办展机构制定的参展条件作私自改动；必须协助办展机构做好参展商的服务工作。

4. 代理佣金。支付给代理商的佣金要根据代理的形式、代理期限的长短、代理商的业绩水平等来综合确定。办展机构给予代理商的佣金和准许代理商给予参展商的折扣要分开；给予参展商的折扣必须由办展机构决定，以免引起招展价格的混乱。

独家代理、排他代理和一般代理的代理佣金，一般按办展机构实收到的、由该代理商招来的参展商所交的参展费总额的15%～30%的比例提取；承包代理的佣金一般要高一些，如25%或更高。承包代理一般只有在完成承包层位数量后才可提取佣金。为鼓励代理商的招展积极性，给代理商的佣金可以采取累进折扣制，即按招展的不同数量给予对应的佣金比例。佣金比例的梯级可按该项代理佣金的比例上下浮动5%～10%计算。

代理佣金支付的时间和方法可根据具体情况分别采取以下办法：(1) 定期结算、定期支付，即按季度或月度结付。提取佣金的基数以实际进入办展机构账户的展位费为准。(2) 逐笔结算、汇总支付。代理商每促成一笔交易，办展机构收到由该代理商招来的参展商的参展费后即与之结算，但到规定的时间才支付。(3) 逐笔结算、逐笔支付。代理商每促成一笔交易，办展机构收到由该代理商招来的参展商交来的参展费后即与之结算，并支付本笔交易的佣金。

另外，无论采取何种结算支付形式，都必须规定由此引起的营业税和个人所得税扣缴办法。

（七）招展宣传推广

招展宣传推广是为促进展会更好地招展而有目的、有针对性地举行的一些宣传推广活动。这些宣传推广活动是围绕着展会招展的基本策略和目标而确定的，有很强的协调配合性。在招展方案里，要提出招展宣传推广的策略、渠道、时间和地域以及宣传推广费用和预算等。

1. 招展宣传推广的策略。包括宣传推广的出发点、主题、亮点，突出展会的个性化特色，从客户出发，处处体现客户利益。

2. 招展宣传推广的渠道。可以根据招展实际工作的需要，选择召开新闻发布会、在专业和大众报刊杂志上做广告、向有关人员直接邮寄展会资料、在国内外同类展会上宣传推广、在网上宣传推广、通过有关协会和商会宣传推广、利用外国驻华机构和我国驻外机构作宣传等多种渠道进行。

3. 招展宣传推广的时间和地域安排。招展宣传推广在时间和地域的分布与安排上要注意与招展实际工作紧密配合，并且要走在招展实际工作的前面，为招展工作造声势、造知名度。宣传推广在时间上要连贯，要有统一的理念和策略作指导；在地域上要因地制宜，但又不彼此冲突。

（八）展位营销办法

提出适合本展会层位营销的各种渠道、具体办法及实施措施，对招展人员的具体招展工作作出指引。

（九）招展预算

对各项招展工作的费用支出做出初步预算，以便展会能及时、合理地安排各

提示：
展会宣传推广是展会策划和营销活动中的一项重要内容，除招展宣传推广外，它还包括展会整体形象宣传推广和招商宣传推广。

种所需要的费用支出。

（十）招展总体进度安排

对展会的各项招展工作进度作出总体规划和安排，以便控制展会招展工作的进程，确保展会招展成功。

招展进度计划，是在招展工作开始实施之前，对招展工作及其要达到的效果进行统筹规划，事先安排好什么时候开展什么样的招展活动、采取什么招展措施、到什么阶段招展工作要达到什么样的效果、完成什么样的任务等。有了招展进度安排，就可以对展会招展工作进行总体控制和监督，及时对照检查，发现问题，调整策略，使招展工作能更顺利地完成，保证展会成功举办。

招展进度安排一般用表格的形式来表现。有了这样一张招展进度计划表，可以有条不紊地按计划开展招展活动，并对招展效果及时进行检查。如果发现没有达到招展阶段性目标，要及时采取补救措施，促使招展任务顺利完成。

二、展商邀请函的主要内容及要求

（一）展会的基本内容

1. **展会名称**。展会的名称一般被放在展会招展函封面最醒目的位置，展会的名称一般用较大的字体。如果展会是国际性的，展会的名称还应包括其英文名称。另外，由于展会名称一般都较长，为了使用方便，常常有一个简称，如中国出口商品交易会的中文简称为"广交会"，英文简写是"CECF"。

2. **展会的举办时间和地点**。一般被放在展会招展函的封面。举办时间也会放在招展函的内页，只不过封面的"举办时间"是展会的正式展览时间；内页的"举办时间"往往还包括展会的布展、撤展和对专业及普通观众的开放时间等。

3. **办展机构**。包括展会的主办单位、承办单位、协办单位和支持单位等，有时候还包括展会的批准机构。它们一般被放在展会招展函的封面。

4. **办展起因和办展目标**。简要说明为什么要举办该展会以及计划将该展会办成什么样的一个展会，如展会计划有多大规模、预计有多少观众等。如果是已经连续举办多次的展会，那么对往届展会的回顾也是一项必不可少的内容。

5. **展会特色**。常常是用非常简洁的言语来高度概括展会的特色，如展会的宣传口号、展会的主题等，要易记易懂，易于传播。

6. **展品范围**。详细地列明展会的展品范围，有时候还包括展会的展区划分，供参展商做参展决策时参考。

7. **价格**。列明展会的各种价格，包括空地价格、标准展位价格、室外场地价格等。对于标准展位，一般还要对其基本配置作出详细说明。

（二）市场状况介绍

1. **行业状况**。结合展位的定位，对展会的展览题材所在行业的状况作简要介绍，如行业生产、销售、进出口情况及发展趋势等。

2. **地区的市场状况**。简要介绍办展所在地区的市场状况，如果是国际展，那么介绍的地区范围就不仅仅是展会所在的城市和省份，还应包括整个国家及其周边国家，如德国的展会介绍常常包括整个欧洲大陆。上述介绍的"地区"范围究竟该包括哪些地区,主要取决于展会的定位和市场辐射范围的大小。

(三) 展会招商和宣传推广计划

1. **招商计划**。简要介绍展会计划邀请专业观众的办法、范围和渠道。如果展会是已经连续多次举办的展会,那么,对往届展会到会观众的回顾分析将是十分有用的资料。

2. **宣传推广计划**。简要介绍展会宣传推广的手段、办法、范围和渠道以及展会计划如何扩大其影响的措施等。展会宣传推广计划是参展商比较关注的项目,需要详细列明。

3. **相关活动**。简要介绍展会期间将要举办哪些相关活动、各种活动的举办时间和地点以及参展商参加活动的联系办法等。展会相关活动的作用是双重的,它既有对展会的宣传和辅助作用,也有对参展商的宣传和展示作用,有些参展商因此也乐意参加此类活动。

4. **服务项目**。搞好服务是展会提高竞争力和吸引力的重要手段之一。招展函要告诉目标参展商,如果他们参展,他们将能从展会获得什么样的服务,这些服务包括展会为他们提供的各种有偿服务和免费服务的范围。

(四) 参展办法

1. 如何办理参展手续。明确告诉目标参展商,如果他们计划参展,他们将通过什么样的步骤办理参展手续。

2. 付款方式。列明展会的开户银行、开户名称和账号、收款单位名称、参展商参展的付款办法、应付定金的数量和付款时间等。

3. 参展申请表。预留参展商参展申请表,一旦目标参展商计划参展,他们就可以填写该表并传真回办展机构预订展位。

4. 联系办法。列明办展机构的联系地址、电话、传真、网址和 E - mail 等,供目标参展商参展联系使用。

(五) 各种图案

除以上内容外,招展函还会配有一些图片和其他图案,如展馆图、展馆周边地区交通图、以往展会现场的场景图片等。如果有需要,有些招展函还对展馆作一些简要介绍。这些图片既可以对展会相关情况作进一步的说明,也可以起到美化招展函的作用。

三、参展合同主要内容及要求

参展合同是界定会展经理/管理公司和展出其商品和服务的实体之间的法律关系的文本。从法律上来讲,参展商合同也就是一张许可证。由此,它批准参展商在限定的目的范围内和限定的时间内进行展会活动。

为了使合同有效而且具有强制执行力,一份参展商合同必须具备合同的基本要素,它们是:(1) 要约(报价);(2) 对要约的承诺(接受);(3) 约因。前两项确定了双方已经在所有本质要素中达成一致。尽管从技术上讲约因可以与承诺互换,但对于所有实际的目的来讲,约因是指根据合同主旨而需要支付的价格。在参展商合同中,约因就是为展出场地和其他由会展管理者提供的服务而支付的展出费用。一旦这些因素确定下来，即使没有更进一步的条款和条件来阐明双方的权利和义务，这份合同就已经把当事人紧紧地捆绑在一起。

参展商合同主要内容如下：

（一）当事人身份

这是"谁与谁"的部分。对所有当事人准确定名非常重要。比如说，会展的业主就可能和会展管理公司不一样。要包含所有的当事人，并且根据他们各自的能力来界定他们。此外，如果是合资的情况，存在多重当事人，那么不管是管理公司方还是参展方，所有的当事人的名称都要包含在合同内。

（二）展会举办的时间和地点

这是总的要求，合同中列出的日期就是展会对与会人员开放的时间。适合安排和拆除展台的具体时间应该在参展合同中予以明确的规定。如果这个会展要在多个场地举行，就需要把它们都列举出来。

（三）举办展会的目的

定义展会的类型，比如说，是"纯商贸"性质的，还是"对公众开放"，同时还要说明展会所涉及的行业名称。如果是教育类展会，而且展会有附加的会议或研讨会的内容，也要予以简要地说明。

（四）对展位的描述

尽可能详尽且清楚地对出售的展位质量和类型进行简单的描述是十分重要的。对展位的描述需要考虑以下事项：（1）展位的数量，提供楼层的总体规划图。（2）展位面积的大小，说明展位所占的实际面积。（3）对展位空间的描述，场地尺寸是否为3米×3米，或者是6米×1.5米，是否呈半岛或者岛屿的形状。（4）识别障碍物，比如说最低天花板的高度或者必须保持一块无障碍区域作为火灾疏散地。

（五）参展费以及支付条件和日期

1. 规定价格和数量。如果需要会员费或者预付款，请加以说明，并且规定其金额。如果你有国外的参展商，请要求用本国货币支付，以免遇到汇率的问题。规定支票的收款人和寄送地点。在提交合同时就注明押金的具体金额。说明余款的数量及何时开始支付尾款。你还应当在合同中声明，如果参展商无法按期支付费用，你有权取消他们的参展资格。

2. 许多会展管理公司在参展费用中附带了其他的服务项目。参展商参加展会有时不仅仅需要支付展位的费用，还需要支付一些其他服务费用。如果其他的项目或者服务费用都包含在参展费用中，例如货运、设备、地毯或者安保系统，也应在合同中予以明确说明。

（六）取消以及退款规定

有为数众多且各式各样的取消和退款规定可以借以使用，但最好在合同中对取消以及退款作出精确而且清楚的规定。例如，如果在任何情况下押金是不予退还的，那么就要写清楚。如果在分期付款后发生了取消行为，前期钱款是否由于参展商违约而被扣除？在所有情况下，取消合同的扣除费用都应该作为"约定赔偿金"。除此之外还需要考虑相关规定是否适用于参展商部分取消参展规模，比如取消六个展位中的两个，那么参展商对于取消或缩减参展规模应该负有什么责任？这些都应在合同中表述清楚。

（七）展出的产品或者服务

参展商事先要对欲展出的产品或者服务作一个简要描述。作为补充，参展商还应该事先声明所有展出的产品和服务都是适合于市场需求，符合法律规定。

（八）责任/赔偿限定

在参展合同中没有哪个条款能像责任和赔偿条款那样最具实施的可能性。参展商丢失货物、展出材料遭受损失，或者由于各种原因受到人身伤害，往往不可避免。因此合同中必须包括相关的责任及赔偿限定，保护参展商、主办单位（如果有的话）和物业方，以防止上述索赔要求以及由于参展商的行为而引起的任何其他问题。

如果参展商受到了伤害，在任何情况下，免责条款都能保护举办方的利益。除特定的情况，这些规定都具有强制执行性，哪怕是由于举办方自身的疏忽而引起。损害赔偿条款要求参展商支付由于他们的自身行为而引起的法律费用。

（九）保险

保险条款和损害赔偿条款密不可分。在赔偿条款之下，参展商会承诺为所有由他们产生的损害负责。然而，如果参展商没有足够的资金，只有承诺显然是不够的，参加保险就为其提供了赔付资金的保证。

但是，并不是所有的会展举办方都要求他们的参展商参加保险，虽然从风险管理的角度上来看参保是最好的选择，但毫无疑问这会增加参展商的支出费用，会使参展商产生犹豫，在参展商大多是小公司的情况下，这一点尤为明显。

> **相关链接**
>
> 如果要求参展商参加保险，那么就需要提出以下要点：
> 1. 什么类型（责任保险和员工抚恤金保险）？
> 2. 考虑到费用和有效性，金额多少？
> 3. 参展商需要提供相关保险的证明吗？
> 4. 会展管理公司和会展主办方需要参保吗？
>
> 还有很重要的一点需要提醒参展商，举办方不承诺担保他们带来参展的产品和展出材料的安全，应该建议他们自行保管。

（十）无法举办会展

这一条款也被称做不可抗力或者天灾条款。该条款的目的就是免除会展举办方由于无法控制的外因而使会展无法举行所带来的责任。

（十一）管理方关闭展览或者拒绝对方参与的权利

下列情况应该在合同中指明为参展方违约，而举办方有权解除合同或者不允许参展商继续参展：(1) 把展位转让或者准备转让给第三方；(2) 无法展出经过授权销售的或适合市场需求的产品与服务，此项由你单独酌定；(3) 申请破产或者宣告破产以及类似情况的发生；(4) 不遵守合同中的有关条款和条件以及会展的有关规章制度。

（十二）遵守所有法律和物业规定

参展商必须遵守国家法律法规和消防安全管理规定，包括必须得到必要的批文和许可证。

（十三）会展规定

参展商必须事先同意接受会展管理部门或主办协会所发布的关于会展运作的规章制度的约束，无论这些规章制度是否在合同或者参展手册上注明，参展商都必须按照会展组织者的要求行事，即使是临时为了适应展出场地发生的突发事件而特别发布一些规定，也必须遵守执行，如临时交通管制、人员紧急疏导等。

（十四）其他补充条款

其他一些需要在参展合同中包含的要点，如违约责任和解决合同争议的方法以及参展合同如何才能进行修改等等。

（十五）合同中双方当事人的签名

阅读材料

一、招商方案

潭柘寺1700年大典活动招商方案

悠悠古寺从千年历史中走来，见证华夏沧桑，成就文化宝藏，迎来和谐盛世。为庆祝潭柘寺1700年，祝愿北京奥运好运，倡导构建和谐社会，门头沟区政府与华夏文化振兴基金联合举办"潭柘寺1700年大典"活动。

活动时间：2007年9月9日9时整（2008年奥运会倒计时333天之际）。

活动地点：潭柘寺（下塔林停车场）起，依次沿经盘山公路，穿九门，开山门，至大雄宝殿后广场止。

邀请嘉宾：国家相关部门领导、全国最高规格高僧大德、文化界及文艺界知名人士。

主要仪式：（略）

活动高潮：与会嘉宾共同开启潭柘寺山门，宣读《和谐盛世宣言》。

"潭柘寺1700年大典"活动现场简介

"潭柘寺1700年大典"活动是门头沟区政府本年度最重要的大型活动之一。大典活动筹委会前期对此次活动作了网络宣传，为该活动在全国扩大影响奠定了较好的基础。

为更好地扩大这次活动的影响，9月9日大典活动将由北京电视台一频道做现场直播，充分利用北京电视台的传播优势，使活动影响辐射全国。

"潭柘寺1700年大典"活动安排：

活动时间：2007年9月9日

活动内容：

1. 致欢迎词。
2. 文化活动。
3. 举行九门九进仪式。

4. 发表和谐宣言。

电视节目播出安排：

9月9日北京卫视直播，节目时长1个半小时。"潭柘寺1700年大典"活动招商赞助合作项目分项总览。

一、"潭柘寺1700年大典"活动招商事宜

1. 协办单位招商
2. 大典活动现场广告赞助招商
3. 大会唯一指定产品（机构）赞助招商

二、"潭柘寺1700年大典"活动现场协办招商

赞助内容："潭柘寺1700年大典"活动现场协办单位

赞助费用：90万元人民币

超值回报：

1. 获准在大典活动背景指定位置、按大典筹委会规定要求标注"协办企业：×××××"。
2. 按大典筹委会规定要求享有此次大典协办名义，并出现在与大典有关的指定报道及宣传中。
3. 按大典筹委会规定要求，协办企业享有以嘉宾身份参加大典现场活动的权利。
4. 现场观众方阵服装按大典筹委会规定要求印制协办企业名称。
5. 邀请协办企业全程参加大典筹委会组织的新闻发布会，并在发布会现场按大典筹委会规定要求布置协办企业形象背景板。
6. 在大典活动指定场所，协办企业可按大典筹委会规定要求悬挂自我宣传的横幅及布标、设立宣传广告牌及做场外宣传广告。
7. 按大典筹委会规定要求在"潭柘寺1700年纪念碑"上指定位置留名。
8. 享有"潭柘寺1700年大典"活动指定的特殊权益宣传。
9. 在"潭柘寺1700年大典"活动官方网页中指定位置出现"协办企业：××××××"，并与协办企业网站相连接。

三、"潭柘寺1700年大典"活动现场广告赞助招商

（一）"潭柘寺1700年大典"活动现场观众方阵招商

赞助费用：60万元人民币

超值回报：

1. 按大典筹委会规定要求派不超过50名身着企业服装的员工在"潭柘寺1700年大典"活动现场指定位置参与活动。
2. 企业方阵按大典筹委会规定要求安排员工手持企业宣传牌。
3. 在"潭柘寺1700年大典"活动官方网页中指定位置出现赞助企业名称，并与赞助企业网站相连接。

（二）"潭柘寺1700年大典"活动现场"广告牌"赞助招商（多家企业）

赞助费用：人民币60万元/块

超值回报一：

1. 在"潭柘寺1700年大典"活动现场指定位置按大典筹委会规定要求设立广告牌,展现赞助企业LOGO及名称。

2. 在"潭柘寺1700年大典"活动官方网页中指定位置出现赞助企业名称,并与赞助企业网站相连接。

(三)"潭柘寺1700年大典"活动现场主持人礼仪台物品摆设赞助招商

赞助费用:60万元人民币

超值回报二:

1. 在主持人礼仪台指定位置、按大典筹委会规定要求摆放赞助企业指定产品。

2. 在"潭柘寺1700年大典"活动官方网页中指定位置出现赞助企业名称,并与赞助企业网站相连接。

"潭柘寺1700年大典活动"现场唯一指定产品(机构)赞助招商

以下产品种类,包括但不限于大会唯一指定产品(机构)赞助招商

"潭柘寺1700年大典"活动现场专用佛教用品赞助招商(香等)

招商范围:国内或国外知名品牌

赞助费用:30万元人民币

超值回报:

(1)赞助商获准在其宣传品上按大典筹委会规定要求使用"潭柘寺1700年大典"活动标题,有效时间为一年。

(2)在大典指定位置,按大典筹委会规定要求摆放该公司的宣传资料。

(3)在大典指定位置,按大典筹委会规定要求设立户外广告牌(广告牌由企业自行制作)。

(4)在"潭柘寺1700年大典"活动官方网页中指定位置出现赞助企业名称,并与赞助企业网站相连接。

招商电话:

联 系 人:

联系地址:

邮　　编:

(资料来源:中国宗教用品网)

二、××展会招展函

2008中国内蒙古国际能源产业及节能减排技术博览会邀请函

组织机构:

时间:2008年8月29—31日

地点:内蒙古国际会展中心

主办单位:

内蒙古自治区人民政府

承办单位：

内蒙古自治区科技厅、内蒙古自治区发展和改革委员会、内蒙古自治区经济委员会、内蒙古自治区环保局、内蒙古自治区建设厅

会务执行： 内蒙古科技会展中心

媒体支持：

中央电视台、内蒙古电视台、内蒙古人民广播电台、内蒙古日报、科技日报、中国煤炭报、中国环保产业网、全国环保信息网、中国新能源设备网、中国节能技术与产品网、中国节能设备网、中国环保网、中国城市照明网、中国空调制冷网、中国环保技术网、中国环保装备网、中国能源网、中国热泵网、冷暖空调网、中国节电与绿色电能网、中国节能网、中国电力网、中国节能产品网等媒体。

国外机构：

蒙古国驻中国大使馆　　蒙古国驻呼和浩特总领馆

俄罗斯联邦驻华大使馆　美国驻华使馆商务处

澳大利亚国际商会　　　英中贸易协会北京办事处

意大利对外贸易委员会　法国国际技术和贸易促进署

展会日程：

报道布展：2008年8月27—28日　开幕时间：2008年8月29日上午

展会时间：2008年8月29—31日　撤展时间：2008年8月31日下午

展会地点：内蒙古国际会展中心

参展范围：

1. 节能减排关联产品和产业技术展示

▲节电：智能节电装置、变频调速技术、发电设备、高效节能风机、水泵、电动机、变压器拖动设备、高效节能照明器具、冰蓄冷装置、新型电池及相关配件、节能变压器、控制器、节电器，节能电机、电力节能技术及产品、节能环保型家电、高效节能电光源、节能灯、LED产品与技术，绿色照明节能技术及产品、智能照明节电系统等；

▲节油：添加剂、替代燃料、节油装置；节能计量仪器仪表、节油技术及装备（车辆节能、节油添加剂、润滑油、纳米节油器、节能型自控新技术等）及其他节能新技术、新设备、新材料；

▲节煤：锅炉节能技术、型煤及燃烧装置、水煤浆技术、替代燃料；

▲节气：节气型装置、供热系统节能、冷热电三联供系统；

▲节水：节水型器具、节水马桶、节水龙头、节水公厕、工业水循环利用、中水回用装置、污水处理、洁净水处理、节水型喷灌、节水型种植、雨水收集系统、蒸汽冷凝水回收、节水材料等；

▲工业节能：高效节能锅炉、节能型供暖供热设备、新型制冷及通风设备、节约燃料新技术、炉窑节能及改造新技术、节能计量仪器仪表及自控技术、冰蓄冷新技术、余热回收技术等；

▲建筑节能：节能型墙体、节能型门窗、节能环保型建筑材料、智能化控制；

▲交通节能：替代燃料、甲醇/燃料酒精、混合动力、电动车节电型交通信号装置；

▲商用和民用节能：节能办公设备、家用节能环保型产品（空调、洗衣机、电冰箱等）、中央空调节电系统、节能型空气分离设备及空气净化产品与技术等、节能照明产品；

▲农村节能：新农村能源建设、沼气建设工程、省柴节煤灶、农作物秸秆综合利用等；

▲新能源和可再生能源利用：太阳能利用技术及产品、风力发电系统、大中型沼气供气和发电、生物质能源利用技术、城市垃圾发电、地热发电、地源热泵空调、水力发电等；

▲环境保护：粉尘治理脱硫除尘技术、噪声治理、机动车尾气污染防治、工业废气回收治理、建筑物立体绿化、人工湿地保护技术、生活垃圾无害化处理技术、城市给排水及工业用水处理技术与设备、环境污染源在线监测仪器等；

▲资源综合利用：工业废弃物、废橡胶、废塑料、废玻璃、废报纸、建筑垃圾、植物废弃物、电子废弃物等回收利用技术、废弃物收集、分类、运输技术、煤矸石综合利用、节约用材技术等；

▲能源测量控制及实验室技术：实验室设备、测量仪器、分析仪器；

▲节能管理、评估、咨询服务：国内外节能环保的先进理念、产品、技术和管理服务。

2. 国内外节能减排成就和能源科技成果展

国内外节能减排成就示范、工业园区循环经济示范；国内外大型能源公司形象及科技成果展销；国内外资源枯竭城市替代产业产品展销；科研院所、高等院校开发的能源及相关产业新技术与专利成果展。

3. 投资贸易洽谈

主要是投资环境和招商项目的宣传、展示和专场推介；产业导向及投资政策咨询服务；客户采购信息发布等。将为知名企业安排产品推介专场，进一步推广企业技术与产品，宣传企业形象、提高企业知名度、扩大企业产品市场。

同期活动：

1. 2008年内蒙古重点节能减排技术推广行动
2. 举行节能减排新产品、新技术研讨会
3. 中蒙技术转移项目对接会
4. 节能产品政府采购交流对接活动

门票请柬： 组织单位将印制精美请柬不少于20万份，派送对象为华北各省区与农业相关的各农资经销单位、生产商、经销商以及相关用户，组织客商到会参观订货。

会期报道： 大会期间组织众多媒体对展会进行集中报道，并对部分参展企业作重点采访。

展位及广告收费：

展位： 室内国际标准展位3米×3米每个展位人民币5800元。费用包括：场地费、三面围板、门楣及两只射灯、一个电源插座（220V/15A）、一桌两椅、清洁费、保安费、代表证等。

空地：（1）室内空地（起租面积：36平方米），国内企业500元/平方米，国外企业

180美元/平方米。（2）室外空地（起租面积：30平方米），国内企业300元/平方米，国外企业50美元/平方米。

注：室内空地特装修、企事业单位现场施工管理费及电费自理，装修公司在布展前一周到内蒙古国际会展中心办理图纸审批并签安全责任书。

会刊：会刊为大16开本，彩色精印，图文并茂，主要派送给政府主管部门、行业协会、贸易公司、经销单位、科研院校、各专业经销商、相关用户、参观商等。彩色广告请企业提供菲林片，如需组织单位代为设计制作，须交纳制作成本费300元人民币。

项目	发布价格	项目	发布价格	项目	发布价格
封　　面	￥20000元	扉　　页	￥7000元	黑白内页	￥1000元
封　　底	￥15000元	彩色跨版	￥6000元	企业资料	￥500元
封二/三	￥6000元	彩色内页	￥3800元	封面拉页	￥12000元

其他广告项目：

项目	规格	广告形式	发布价格
参观券	21厘米×8.5厘米	背面全版广告	￥4000元/1万张
彩色气球	直径3.0米	含条幅广告一条	￥3000元/个
彩虹门	15米跨度	代制作广告内容	￥4500元/个
手提袋		单面广告	￥5000元/千个
开幕式背景墙		正面广告	￥58000元

专业研讨/技术交流会/新产品发布会：

国内企业每场收费人民币5000元/2小时，三资企业每场收费人民币6000元/2小时组织单位提供场地、灯具、音响、投影机、桌椅等配套设施及用品，并协助主讲企业组织听众。

参展程序：

1. 参展单位请详细填写《参展报名表》并加盖公章，传真或寄送至组委会。并于7日内将参展费用汇入组委会指定账户。展位分配以款到先后顺序安排，额满即止。

2. 组委会在确认报名后，于会前20天向参展单位寄送《入会通知书》。

3. 参展单位简介（限300字以内）免费刊登在大会会刊上，请于2008年8月7日前发E-mail：nmgjwm@126.com或传真至组委会，不提供的单位不予刊登。

组委会招商办公室：

地址：

TEL：

FAX：

E-mail：

联系人：

（资料来源：2008中国内蒙古国际能源产业及节能减排技术博览会招商部）

活动训练

1. 上网查询指定网站招展网页，网上索取招展资料。
2. 模拟撰写参展商邀请函。

模块二 招商方案策划书

一、招商方案策划书写作要求

会展招商在广义上涵盖招展的内容，但在实际应用中，招商主要针对的是会展的主办方寻求合办方、赞助商、广告主以及招徕参会客商和会展观众的过程。招商方案策划书的主要内容包括：

1. 阐述总体策划思路。招商方案有两种：第一种是给行业内部专业人士看的招徕观众的招商方案，这种招商方案主要是注明展会名称、活动背景、展会开展时间和地点等展会相关的基本情况，确定目标观众的数量和组成情况。比如，其中VIP观众占的比例是多少，特邀买家占的比例是多少，专业观众的比例是多少等。还要明确展会招商的进度，在多长时间范围度内招来的观众数量。另外，招商工作是由企业自己来操作还是委托外包，都需要在招商策划书里体现出来，最后，此次招商工作的主要人员及责任和财务管理方面的内容也应包含在招商方案策划书里面。第二种是以招徕商业广告为主要目的的招商方案。这种招商方案的邀请对象具有不确定性，一般都是采取通过媒体公开发布的形式进行，要求影响的范围越广越好，包括的内容主要有展会的基本情况、招商范围和招商回报等方面内容。

2. 介绍招商项目背景。
3. 项目具体操作步骤。
4. 项目策划预期效果。

二、观展邀请函写作格式及要求

观展邀请函是一种以个别发送的方式邀请特定的法人、其他组织或个人观展、参会的展会商务文案，是观展宣传的主要方式之一。

观展邀请函一般应介绍展会的名称、历史、目的、宗旨、主题、活动安排、组织阵容、时间、地点、规模等基本信息；另外还要说明本次展会的接待对象，是单纯接待团队观众还是团体和个人都接待，展会的门票价格，展览期间的住宿、餐饮、观光、考察等服务项目，观展报名的方式和截至日期，以及组织者认为必须说明的其他事项。以上内容可根据本次展会的实际情况确定详略。

观展邀请函的写作格式及要求如下：

1. 标题。由展览会名称和"观展邀请函"组成。
2. 称谓。写明邀请对象的单位名称或个人姓名，姓名前冠以敬词。

3. 正文。正文有两种写法，一种是先写一段文字简要介绍展览会的基本情况，然后用"现将有关事项告知如下"作为过渡，引出邀请函的主体部分。主体部分一般采用分项标号或加小标题的形式。另一种是不分项符号，全篇运用自然段落展开说明。正文的邀请语言要明确，语气要恳切。

4. 落款。注明主办单位或组委会的名称。

5. 发文日期。注明实际发文的时间。

【阅读材料】

一、招商策划书

2008亚太（广州）国际生物质能发电技术及设备展览会暨亚太新能源高峰论坛招展邀请函

时　　间：2008年9月17—19日
地　　点：广州锦汉展览中心
主办单位：亚太能源协会
　　　　　中国农村沼气产业协会
　　　　　香港天马展览服务有限公司
承办单位：北京宇强联合展览服务有限公司

■ 市场背景

随着中国经济持续高速增长，能源短缺和环境污染的形势日益严峻，我国政府及有关部门对生物质能源利用极为重视，并在政策上给予了巨大优惠支持。随着2006年我国《可再生能源法》的实施，未来将提高可再生能源在能源结构中的比例，到2010年达到10%，到2020年达到16%左右，这将给相关企业带来巨大商机，到2020年需要投资8000亿左右。因此，我国生物质能发展前景和投资前景极为广阔。

作为珠三角的龙头、中国经济大省的广东，能源资源却十分匮乏。由于广东地处热带亚热带，在生物质能源的发展方面有着十分丰富的原料资源。作为全国能耗大省之一，在《广东省能源发展"十一五"规划》中，广东把加快可再生能源发展作为全省能源安全战略的重要组成部分，并在政策上给予了巨大优惠支持，广东生物质发电将迎来历史性的发展机遇。日趋繁荣的生物质能市场为此次展览会提供了前所未有的良好契机，各国的先进技术和产品在广东必将有广阔的市场销售前景。

根据我省关于积极发展生物质能的规划及政策，"2008亚太（广州）国际生物质能发电技术设备展览会"定于2008年9月17—19日在广州市锦汉展览中心隆重举行。

■ 展会时间安排

报到时间：2008年9月15—16日（上午8:30至下午17:30）
展出时间：2008年9月17—19日（上午8:30至下午16:30）

■ 展览范围

◆ 利用生物质能发电：生物质发电机组、生物质气化发电系统设备、秸秆发电、垃圾发电和沼气发电技术及机组等；

◆生物质能燃料：生物质能液体燃料（生物柴油、木质纤维素转化燃料乙醇等其他燃料）、生物质固体燃料、生物质气体燃料（沼气、生物制氢）生物塑料等；生物柴油（燃料乙醇、生物柴油）转化、生物质造粒设备、专门锅炉及发电机、热电联产系统，能源作物的育种及栽培、栽植和收获机具，燃料乙醇中试装置、沼气装置等；

◆生物质（颗粒）气化燃烧锅炉：秸秆气化炉、生物质供暖设备、烘干设备，颗粒气化燃烧锅炉、壁炉（利用秸秆、木屑等废物）速燃生物炭、生物质直燃消烟炉、秸秆气化炉、粉碎机、焚烧锅炉、SN高效生物质气化装置等；

◆沼气技术：沼气生物发酵剂（利用人和牲畜的粪便、秸秆等）、发酵酶，沼气配件，沼气技术，沼气产品（沼气炉、沼气灯、沼气管等）；

◆生物质固体颗粒燃料压缩成型设备、秸秆压块机设备、致密成型成套设备、热解液化装置设备、颗粒机、颗粒燃料、秸秆燃气炉散件、气化炉、气化系统、气化木材干燥设备、热转换气化干燥设备、直燃消烟炉、压缩设备、燃气发生炉、秸秆燃料成型机、气化发电系统设备；

◆生物质燃烧技术（包括炉灶燃烧技术、锅炉燃烧发电技术和生物质型煤技术）、生物质气化发电技术和生物质液化技术、生物酒精、柴油制造设备及技术；

◆林业生物质能源植物的培育技术包括：麻疯树、棕榈油、黄连木、文冠果、紫穗槐、柳树等能源植物；

◆地热能的开发及综合利用系统：地热制冷系统、地热养殖系统、保健系统、高温潜水电泵等技术和设备以及检测控制系统。

■**参展费用**

标准展位费：（3米×3米）　　　　　　空地基本价（面积不低于36平方米）
国内展区：国内企业9800元/展位　　　国内企业900元/平方米
国际展区：国内企业12000元/展位　　 国内企业1200元/平方米
　　　　　合资企业15000元/展位　　　合资企业1500元/平方米
　　　　　境外企业3000美元/展位　　　境外企业300美元/平方米

标准展位：包括展出场地、2.5米高壁板、楣牌制作、9平方米地毯、洽谈桌一张、两把椅子、220V电源插座一个、日光灯两只；

参展企业若选择双开口展位加收20%的展位费用，会务费每人600元人民币（用于会议资料、午餐、纪念品等）；光地费用包括：展出场地、保安、清洁服务。

■**技术交流会**

展览会期间商家云集，组织单位为参展企业举办有针对性的信息发布会和技术交流会，各企业和研究单位可申请举办，主题自定，与参展报名表一并报至组委会，这将是向各专业人士及客户介绍先进技术设备或新产品发布的最佳方式，是考察产品及可行性的有效途径；

技术论坛收费标准：技术交流会价格为20000元/场/60分钟、国外企业每场收费3000美元/场/60分钟；不足60分钟按一场收费。组织单位提供场地及扩音等设施，并负责协助邀请相关专业人士出席。

■ 展商优势互动

经"亚太能源协会"研究同意,所有参加此次展览会的参展企业,免费在"亚太能源协会"网站做广告1年,含（100×65的LOGO链接）图片和文字内容由企业自己提供。

■ 会刊广告及其他广告

本届展览会将编制精美会刊,彩色胶印,会刊将在展览会场及展览会结束后分发给主要观众和买家,企业可以认刊发布广告,是一本有效的促销工具书（尺寸：210×285mm,请提供可以直接印刷的菲林片）。

认刊价目表：

会刊	封面	封底	封一二	封三	跨彩页	内彩页	黑白页
人民币元	30000	20000	18000	15000	10000	5000	3000
请柬：10000元/万		充气拱门：8000元/个			彩旗：160元/面		
入场券：5000元/万		空飘气球：8000元/个			幕墙广告：200元/m² (不含制作)		

■ 宣传计划及观众组织

◆ 展会期间,通过6万封参观邀请函、30万张参观券直接邀请国内外邻近国家和地区的工业系统内决策人士及重要买家、大型用户前来参观、洽谈、订货；

◆ 组织邀请国内外、各省市的大中小企业、进出口贸易公司、经销商、行业主管部门、国内外设备厂商、研究/规划设计单位、国内外投资商、国内外政府主管部门、承包商、施工单位、运营管理公司、分销商、设施工程师、贸易商、研发工程师、节能工程师、供电局、电力公司、设备及产品生产企业、作业管理人员、零售商、供应商、相关行业媒体、采购决策人士到会参观洽谈；

◆ 拟定在中国新能源网、慧聪网能源行业频道、中国能源信息网、中国国际环保网、中国电力设备网、中国新能源、节能技术市场、中国沼气网、应用能源技术、沼气网、节能与环保,在广州羊城晚报、广州晨报、深圳日报、中国电力报及广东电视台等各大新闻媒介上发布广告,以引起业内人士对本届展会的关注；

◆ 设计专业网页,在专业网站上链接,通过邮递、传真和发送E-mail,进行国内外宣传推广。

组委会联系方式：

地　　址：

邮　　编：

电　　话：

传　　真：

联 系 人：

邮　　箱：

(资料来源：2008年亚太（广州）国际生物质能发电技术及设备展览会组委会)

二、观众邀请函

2007年第五届中德科技展览暨洽谈会
观众邀请函

2007年第五届中德科技经贸展览暨洽谈会（TECO 2007）将于2007年5月18日至20日在全国科技活动周暨北京科技周期间举办，它是在成功举办了前四届中德科技经贸与技术交流展览暨洽谈会的基础上举办的。在多年的发展历程中，中德科技经贸展锐意创新，努力为中德两国的中小企业搭建融产品展示、技术交流、商务洽谈和企业考察为一体的综合性平台，并为双方企业提供市场调研、咨询评估、项目运作等专业服务。

2007年中德科技经贸展主要涉及机械制造、环保技术、生物医药、信息技术等领域，旨在进一步促进中德中小企业间的技术、经贸交流与合作，届时将有来自中国、德国及其他国家的企业参加展览。展会组委会邀请各企事业单位、科研机构和院所、经济技术开发区、工业园区参加展览洽谈活动，我们将为参展企业和参观洽谈企业安排对口洽谈，促进双方各种形式的合作。请详细填写单位回执表，并以电子邮件或传真的方式发送给我们，我们将根据贵单位的特点和意向安排洽谈事宜。

我们为参加洽谈的企业提供以下服务：

安排与参展企业的对口洽谈，不收取任何费用

免费提供德语翻译

提供与外商合资合作的咨询服务

展会结束后组织意向企业赴德进行考察

联系方式（略）

（资料来源：首都科技网）

活动训练

1. 上网查询指定网站招展网页，网上索取观众邀请函。
2. 模拟撰写观众邀请函。

模块三 参展商手册

一、参展商手册的概念

办展机构在确定了展会的有关日程安排，指定了展会承建商、展会运输代理和展会旅游代理以后，就可以着手编制展会的参展说明书了。

参展商手册是展会主办机构将展会筹备、开幕以及参展商参加展会时应注意的事项等基本信息和服务项目汇编成册，以方便参展商进行参展准备的文件，也称"参展指南"、"展会服务手册"、"参展说明书"等。编制参展商手册是展会筹备过程中的一项基础性工作。

二、参展商手册的主要内容与写作要求

从某种意义上讲，参展商手册是帮助参展商进行参展筹备的纲领性文件，也是办展机构对展会布展、展览和撤展等各环节进行有效管理的指导性文件。参展商手册所包含的内容涉及举办展会的各个环节。

一般来说，参展商手册结构及写作要求如下：

1. **前言**。主要是对参展商参加本展会表示欢迎，说明本手册编制的原则和目的，提醒参展商在筹展、布展、展览和撤展等环节要自觉遵守本手册的相关规定等。前言一般都很简短，言简意赅。

2. **展览场地基本情况**。包括展馆及展区平面图、至展馆的交通图、展览场地的基本技术数据等。绘制展馆及展区平面图时，要注意标明展馆各种服务设施所在的位置、展区和展位划分的详细情况、展馆内部通道和出入口等；在绘制至展馆的交通图时，要注意标明展馆在该城市的具体位置、到展馆可以利用的各种主要交通工具和交通路线、各指定接待酒店在该城市的具体位置等；对于该展览场地的基本技术数据，要清楚准确地列出地面承重、馆内通风条件、货运电梯容积容量、展馆室内空间高度、展馆入口高度和宽度、展馆的水电供应状况等。对展览场地基本情况的介绍，对于帮助参展商准确地找到展馆和自己的展位，进而进行展位搭装和布展有着很好的指引作用。

3. **展会基本信息**。包括展会的名称、举办地点、展览时间、办展机构、展会指定承建商、指定运输代理、指定旅游代理、指定接待酒店等。对于办展时间，要具体列明展会的布展时间、开幕时间、对专业观众和普通大众开放的时间、撤展时间、布展撤展加班时间等，对以上时间尽量精确到小时；对于办展机构，要具体列明展会的主办单位、承办单位、支持单位和协办单位等；另外，还要具体列明各办展机构、展会指定承建商、指定运输代理、指定旅游代理、指定接待酒店等的详细联系地址、联系电话、传真和联系人，如果有网址和 E-mail 也最好能公布，以便参展商在需要的时候方便联系各有关单位。

4. **展会规则**。展会规则是展会的主办方在招展过程中要求参展商和观众等参加展会时必须注意或遵守的一些规章制度，也称"参展须知"。其内容包括：展会有关证件使用和管理的规定、展会现场保安和保险的规定、展位清洁的规定、物品储藏的规定、现场使用水电的注意事项、展品现场销售的规定、消防安全规定、知识产权保护规定、现场展品演示时的注意事项等。展会规则是主办方依法制定的展会现场管理的文案，部分条款是属于主办方对参展商的建议性或告知性的内容，但其中也有部分条款是依法具有约束性的，是所有与会人员必须遵守的一些规章制度，其对展会现场管理和维护展会现场秩序十分重要。

5. **展位搭装指南**。是对展会展位搭装的一些基本要求和说明，主要包括标

> 提示：
> 参展商手册的主要内容包括：前言、展览场地基本情况、展会基本信息、展会规则、展位搭装指南、展品运输指南、会展旅游信息以及相关表格。

准展位说明和空地展位搭装要求等。由于所有的标准展位的基本结构和配置都是一样的，所以"标准展位说明"主要是对展位的标准配置作出说明，列明参展商使用标准展位的注意事项，提出如果参展商需要增加非标准配置以外的其他配置的处理办法等。"空地展位搭装说明"主要是对参展商搭建空地展位、特装展位等非标准展位时所作出的一些规定和要求，如使用材料的要求、动火作业的规定、消防安全的规定和铺设电线的规定等。展位搭装指南对指导参展商顺利、安全地搭装展位和布展有较大的帮助。

6. **展品运输指南**。是对参展商将展品等物品运到展览现场所作的一些指引和说明，主要包括海外运输指南和国内运输指南等。无论是海外还是国内运输指南，都要对展品的运输方式和运输线路、各种货品的交运和文件提交的期限、货运文件的准备和交付、收费标准、包装、海关报关、回程运输、可供选择的自选服务等作出具体说明。展品运输指南对帮助参展商及时安排展品等物品的运输有着积极的作用。

7. **会展旅游信息**。是对解决参展商及观众等参加展会期间的交通、吃、住、行等需要和展会前后的旅游需要等作出的一些说明。会展旅游信息要详细地列出各指定接待酒店的档次、协议优惠价格、地址、联系电话和传真以及联系人、与展馆的距离等，要列出海外观众和参展商入境的签证办法、会展期间及前后可供选择的商务考察和观光休闲旅游的线路和安排等。会展旅游信息主要是为了方便参展商及观众的日常生活服务的。

8. **相关表格**。是有关参展商在筹展和布展过程中需要使用的各种表格，主要包括展览表格和展位搭装表格两种。展览表格主要有贵宾买家服务表、聘请临时服务人员申请表、额外工作证和邀请卡申请表、研讨会和技术交流会申请表、刊登会刊广告申请表、刊登会刊资料表、现场广告申请表、酒店住宿确认表等。展位搭装表格主要有展位楣板公司名称表、租用展位设施申请表、租用展具申请表、租用电器申请表、空地展位搭装申请表、照明用电申请表、机械动力水电申请表、电话申请表等。为了便于准备和管理，对于以上各种表格，一定要列明填写完毕后返回的最后截止时间。

参展商手册编制成功以后，可以印刷成册，在展会开幕前适当的时间寄给参展商，也可以将其内容发布在展会的专门网站上供参展商阅览和下载，如果展会有海外参展商，还要将参展商手册翻译成外语文本。

三、编制参展商手册的原则

从参展商手册所涵盖的内容我们可以看出，参展商手册是展会筹备过程中的一个重要文案，也是确保参展商顺利参加展会的一个指导性文案。要让参展商手册在展会筹备过程中切实地起到作用，在编制参展商手册时，要遵照以下原则：

1. **实用**。参展商手册上所包含的内容必须能够对参展商进行筹展、布展、展览和撤展等过程起到指导性的帮助；同时也是展会主办方对展会筹展、布展、展览和撤展各环节对参展商进行现场管理和服务的有效依据，因此，参展商手册的内容必须具有针对性和实用性。

2. 简洁明了。参展商手册对各方面内容的说明和叙述应该简洁,文字不要太多,篇幅不要太长,能说明问题就行;参展商手册对各方面内容的说明和叙述必须准确、具体,让人看得明明白白,不能让人看不懂,更不能让人产生歧义,否则,在展会筹展、布展、展览和撤展等环节的具体执行中就会引起争议,既不利于参展商展出,也不利于办展机构对展会现场进行管理。

3. 详细全面。对于参展商手册提到的各项内容要尽量详细,如对布展和撤展加班时间的规定可以具体到小时和分钟,对各种表格的返回最后期限的规定具体到某月某日某时等,这样更有利于展会具体操作和管理;对于参展商手册提到的各项内容要做到没有遗漏,如对展览场地基本情况的说明中,对展馆入口的高度和宽度、对展馆的地面承重能力、对消防的注意事项等要一一列明,不能遗漏,否则,现场操作就会出现问题。例如,如果没有提到展馆入口的高度和宽度,就有可能会使参展商准备的一些较大较长的物品进不了展馆。

4. 美观。参展商手册的排版和制作要美观大方,印刷讲究,不要出现错别字和其他印刷错误;参展说明书的制作要与展会的档次和办展机构的品牌与声誉相吻合,充分展示展会举办者的实力。

5. 专业。参展商手册的遣词造句要符合行业习惯和规范,要使用行业熟悉的语言,所涉及的术语要规范,不能想当然地使用一些行业比较陌生的词语;内容编排要符合参展商筹展的筹备程序,不能让他们翻来覆去地寻找自己需要了解的内容。

6. 国际化。如果展会是国际性的,或者展会有向国际化方向发展的打算,那么,参展商手册的内容编排和制作也要尽量做到符合国际参展商的需要,如除要有中文的文本外还要有外文的文本。外文文本的参展说明书,其翻译一定要准确,因为海外参展商就是根据该说明书来筹备各项参展事宜的;如果翻译不准确,将会给他们的参展带来极大不方便,容易产生投诉。

阅读材料

第17届中国(深圳)国际钟表珠宝礼品展览会参展商手册

各位参展商:

　　欢迎参加第17届中国(深圳)国际钟表珠宝礼品展览会。

　　这份参展商手册详细刊载了是届展会的有关资料,对贵司筹备参展甚有帮助。请详阅手册内所列各项内容,遵守展会所有规则。

　　同时请留意手册内所列各项服务内容及截止日期。

　　谨祝贵司展出成功!

目录(略)

一、服务热线(略)

二、一般资料

展会名称:第17届中国(深圳)国际钟表珠宝礼品展览会

展览日期：2006年4月25—28日

地点：中国广东省深圳市福田区福华三路深圳会展中心6、7、8号展厅

主办机构：深圳市钟表行业协会

承办机构：深圳市晶品会展文化传播有限公司

支持机构：中国钟表协会、香港表厂商会、香港钟表业总会、韩国钟表工业联合会、中国台湾区钟表工业同业工会、广东省钟表协会、上海市钟表行业协会、山东省钟表协会、义乌市钟表行业协会、漳州市钟表同业公会、武汉市工商联钟表眼镜同业商会

三、日程安排（略）

报到地点、时间：

深圳会展中心6、7、8号展厅　2006年4月23—24日（8:30—16:00）

开幕典礼：

开幕典礼将于2006年4月25日上午10点于深圳会展中心8号展厅外平台举行，请各参展商届时光临。

买家参观程序：

展会所有买家必须登记及佩戴入场证，入场证只在展会期间适用。买家可以在展会现场、展会网站或凭请柬登记后入场。

进场守则：

参展商须在每日上午9:30分以前做好一切展览准备，按时进馆、离馆、撤馆。参展商进入展馆时须佩戴工作证，并严格按照展期时间表进行，中途不能以任何理由提前撤馆。

四、展馆平面图（略）

五、深圳会议展览中心、酒店位置图（略）

六、展览会规则

定　义

1. 本规则的词语除因上下文中另有解释外，否则定义如下：

「本规则」指由主办机构不时予以修订的申请条款、条件及展览会规则。

「展览会」指参展申请表内注明的由主办机构筹办的展览会。

「展览场地」指深圳会展中心展馆或参展申请表内注明的场地。

「展位」指展览摊位，根据本规则第8条分配予参展商在展览会作展出之用的面积。

「展览空地」指特装展位使用的展览场地。

「标准展位」指根据本规则第17及18条规定搭建的展位。

「参展商」指申请在展览会展出或已获主办机构接纳参展申请（视乎情况而定）的合法公司及相关企业的代表机构。

「主办机构」指深圳市钟表行业协会。本会是展览会的推广及主办机构和承办机构，负责管理及监控展览会的所有事宜。

「宣传品」指参展商拟在展览会展示、派发或使用的推广礼品、产品目录、小册子及所有广告及宣传品等等。

参展资格

2.1 主办机构有绝对酌情权决定是否接纳参展商的参展申请。未经主办机构书面接纳参展申请的参展商，即使已缴全部租金并经主办机构收讫，也不表示已获主办机构授权参展。主办机构有权拒绝任何参展申请，毋须给予任何理由。

2.2 所有参展商必须是在中国或其他所在国合法注册的公司、办事机构。主办机构可随时要求参展商出示营业执照或其他公司注册文件。如有必要，参展商必须出具其他证明文件，包括并且不限于产品产地证、产品进口文件、知识产权证明文件、商标注册证明、相关的政府批准文件等。

2.3 参展商必须向主办机构提供参展成果资料，即按要求填写并交回参展问卷。否则，主办机构可不签发离场许可证。有关资料在未经参展商同意前，主办机构不会向外界透露，唯整体统计数据可对外公布而毋须征询参展商同意。

3. 展览摊位仅供参展商在展览会期间作拓展贸易之用，凡零售引致的纠纷，概由参展商自行负责。在搭建展位以及展览会期间，参展商须以主办机构规定的方式使用获配的展览摊位。假若主办机构不满意参展商使用展览摊位的方式，有权清除全部或部分展览摊位，所涉费用概由参展商承担。除非本细则另有规定，否则参展商不得就展览摊位的租金或其他已付款额提出退款索偿。

付　款

4. 申请参展必须缴付的展位全款款项，除非本细则另有规定，否则展位款项将不获发还。

5. 主办机构有权随时要求参展商缴付额外的无息押金，作为赔偿实质或潜在损坏的保证金。

6. 假若展览摊位的申请被拒，主办机构将于发出有关通知后30天内，向参展商退还缴付的款项，唯不会支付利息。

7. 假若参展商于收到申请被拒通知前或于申请获接纳后要求退出参展，不论理由为何，所缴申请款项概不退还。

展览摊位的分配

8.1 展览摊位及展位位置的分配由主办机构全权决定，所有决定均属最终决定，任何有关更改的要求均不受理。

8.2 参展商如欲在展位使用与其在参加表格填写不同的另一名称，必须在展览会举行前最少两个月向主办机构发出更改名称的通知。

9.1 参展商获得在展览会展出及（在非专有情况下）使用展览摊位的授权仅属对应企业所持有，不得将有关权利转让、转授、分包或以任何其他方式与第三者共享。任何参展商如未经大会书面许可，以转让、转授、分包或任何其他方式与第三者共享展览摊位，必须立即退出展览会、拆除展位及撤走展品，费用概由参展商承担。

9.2 参展商如欲在其展位推广、派发或展示附属公司或其他公司（参展商是该公司的正式代理或分销商）的物品，或允许这些公司的人员驻守展位，必须于展览会举行前最少两个月以书面形式向主办机构提出申请，并连同能证明参展商与第三方之间关系的文件一并呈交。主办机构有绝对酌情权决定是否批准有关申请。

9.3 主办机构有绝对酌情权,禁止参展商在展览会占有超过一个展览摊位。

搭建展位

10. 展位及展品重量不得超过展馆限重的规定。

11. 主办机构有权改建或清拆任何不符合主办机构所定标准或展览会规则的展位,毋须给予通知,有关费用概由参展商负担。参展商按主办机构规定重建展位所涉及的额外费用、任何其他损失或毁坏,一律不得向主办机构或其代理索偿。

12. 租用展览空地的参展商,可委托主办机构指定承建商或自雇承建商设计及搭建展位,展位设计必须按本细则规定呈交主办机构审批。

13. 任何在展览场地进行的工程,必须符合政府现行条例以及主办机构的规定,参展商与其代理、承建商及分包商均须予以遵守。主办机构有权阻止任何违规工程进行,参展商不得就任何损失或毁坏向主办机构或其代理提出索偿。

14. 未经主办机构事先书面许可,不得在展览场地的天花结构悬垂展位构件或照明装置。

15. 未经主办机构事先书面许可,不得在地台表面装设用作巩固围板及其他展位构件的固定装置。

16. 展位租金并不包括清除及处理木箱、展位构件或其他物品的费用,参展商须缴付额外费用。

标准展位(详见《参展商指南》)

17.1 标准展位由主办机构指定的承建商搭建,统一设计。主办机构有权在展览会开幕前,更改所提供的设施。

17.2 未经主办机构事先书面许可,参展商不得改动公司名牌、字样及标准展位构件。参展商如有特别需要,例如更改设施位置、增加或删除设施,必须在开展前一个月通知主办机构。

18.1 任何装饰、展位构件或展品的高度,不得超过2.5米或标准展位的高度,以较低者为准。非大会供应的设施均不得安装在标准展位结构的物料上。

18.2 参展商不可在隔板、楣板及铝料上钻孔、钉刮;油漆或贴墙纸禁止用于隔板。以上行为所引致的责任、赔偿由参展商承担。

18.3 参展商不可擅自移动其他展位的展览设施。参展商如需在现场增加展具等设施,须向指定的承建商申请并支付租赁费用。

18.4 参展商如需在现场取消或更改展具、灯具之位置,须向指定的承建商申请并支付施工费用。

在展览空地自建展位(详见《参展商指南》)。

19. 参展商须于展览会举行前最少1个月前将展位设计草图及图则正本呈交主办机构审批。图则比例必须合理,不得少于1:100,并须注明尺寸以及详附相关资料,如平面布置图、展位正视图、装置、地毯、用色与用料、流动展品、视听器材、展品重量及点荷载。所有展位装饰、装置、展品不得超出主办机构规定的高度。

20. 假若设计草图及图则未经主办机构书面批准,参展商不得在展览场地搭建展位。主办机构有权拒绝批准草图及图则,毋须给予理由。

21. 所有自建展位的设计、用料及建筑必须符合展览场地规则，以及政府部门的有关规定。

22. 自建展位的运输、安装、拆卸和清理概由参展商负责。除非主办机构另有规定，否则该类工程必须按照本规则所订安排在指定时限内进行。

电力装置

23. 展览场地内只准使用电力作为光源或电源。

24. 所有电力工程必须由主办机构指定承建商进行，有关费用概由参展商承担。电力装置设计草图及图则必须于展览会举行前最少1个月呈交主办机构审批。主办机构可在审批设计草图或图则前要求参展商作出修改，或有权拒绝审批。

25. 会场供应电力为220V、单相、50Hz或380V、三相、50Hz。参展商可预先向主办机构提出供应要求。

26. 无论来自总电源、电池或发电机之电力，一律只能经由展览场地的指定承建商供应。

展位的使用及安全事宜

27. 参展商必须采取预防措施，例如安排保安人员或其他保障方法，以保护公众人士免受任何移动或运作中的展品所伤。此类展品只可由参展商授权的人士操作或进行示范，不得在无人看管的情况下运作。参展商如欲展示此类展品，必须事先获得主办机构书面许可。

28. 参展商如欲在展览会上使用激光产品，必须事先获得主办机构书面许可。参展商须于展览会举行前最少1个月将有关申请呈交主办机构审批。

29. 参展商只可在其展位派发宣传品。未经主办机构事先书面许可，不得在其租赁展位以外的展览场地进行广告宣传、示范或招揽生意，包括举行时装表演。展品及广告牌不得放在其展位范围以外。

30.1 参展商于展览会展示的展品及宣传品，必须与在参展申请表内选定的产品类别相符。

30.2 本展览以展出为目的。参展商如需零售，须遵守工商管理部门的有关规定，所引致的一切损失、责任、法律行动、诉讼、索偿、毁坏、费用及开支，概由参展商负责赔偿。

31.1 不得在展位的公司楣板上张贴、悬挂任何物品。

31.2 参展商不得携带食品（饮料除外）进入展览会，如需进食，可到指定区域。

32. 任何情况下，一律不得在展览场地使用压缩气体所填充之气球。

33. 展览会期间，参展商必须有一名适当的认可代表在展位当值，该名代表必须对参展商的产品及/或服务了如指掌，并有权就参展商的产品或服务的销售事宜进行洽商及签订合约。参展商必须确保该名代表遵守本细则以及主办机构或其代理在展览会举行前或举行期间发出的所有指示。

34. 主办机构有全权及绝对酌情权撤除或要求参展商立即撤除任何在其展览摊位摆放或展示的产品、宣传品或其他对象，毋须给予任何理由，有关费用概由参展商承担。主办机构毋须就参展商或任何其他人士因此而招致的损失、毁坏或开支承担任何责任。

35.（a）参展商必须保证展品、产品包装、宣传品、音乐演奏或展位的任何展示部分，在各方面均没有违反或侵犯他人权利，包括所有知识产权，其中包括但不限于已注册或未注册的商标、版权、外观设计、名称及专利；并同意悉数赔偿主办机构以及其代理和承包商因第三者指控参展商及/或主办机构侵权而招致的费用、开支及索偿。

（b）所有参展商，无论是投诉他人侵权或被人指控侵权者，必须同意遵守主办机构发出的《中国（深圳）国际钟表珠宝礼品展览会保护知识产权规则》，包括其中所列的处理投诉程序和侵权罚则。

（c）假若有投诉人按照《中国（深圳）国际钟表珠宝礼品展览会保护知识产权规则》向主办机构提出投诉，并要求主办机构对其他参展商采取行动，该投诉人必须同意免除主办机构以及其代理和承包商（包括所述各方的法律顾问）的所有责任，同时悉数赔偿上述各方由于有关投诉或有关投诉人所作出的其他要求、指示或指令而采取的行动所招致的任何责任、损失、费用（包括法律费用）、开支和索偿；并同意不会就有关投诉及被指控侵权事件对主办机构以及其代理和承包商（包括所述各方的法律顾问）采取法律行动、索偿或提出其他要求。

（d）任何音乐演奏，包括在时装表演中使用音乐录音，必须经相关机构批准。所有与申请音乐演奏相关的费用与开支概由有关个别参展商承担。

36.1 展位安装、构建及布置必须于主办机构指定的时限内进行。若未能按时完工的展览摊位所涉费用概由参展商承担。

36.2 参展商只有在展览会不向公众开放时，方可修理或改动展台或展品，并须事先获得主办机构同意。

37．未经主办机构特别批准，不得在展览会最后一天的正式结束时间前拆卸或撤除展位及展品。

38．所有视听器材必须安装稳固，音量不得对其他参展商或参观者构成滋扰。

39．未经主办机构事先书面许可，参展商不得在展览场地擅自摄影、录音、录像、转播及广播，也不得准许他人进行这些活动。

40．无论任何情况，一律不得在展览场地进行公开拍卖。

41．参展商必须将其所有人员、搭建商的详细资料在他们获准进入展览场地前呈交主办机构审批及登记。以上人员一经认可，将获发工作证，以作识别身份及入场许可之用。参展商必须确保被认可人员：

（a）在展览场地时，于显眼位置佩戴工作证；

（b）不得擅自涂改和转借工作证；

（c）在工作结束时将工作证交还主办机构，或按主办机构要求交还；

（d）遵守本规则对参展商实施的所有规定；

（e）遵守主办机构对他们作为认可人员所实施的所有规定。

宣　传

42．主办机构将在国内外为展览会安排及负责进行所有宣传活动。参展商或其代理不得就展览会的整体宣传接受或安排任何访问，发表公告、新闻稿或进行其他宣传活动。

43．对于因参加展览会而获授权取得的有关主办机构或其他参展商的技术性或保密资料，参展商及其代表不得透露、提供或使用。

展位物料与展品的进馆及撤馆

44．参展商必须按照主办机构的安排及指定时间进入展览场地。

45．运送物品往返展览场地，包括接收、布置和搬走展品的安排及费用，概由参展商负责。

46．在展览场地铺有地毯的范围内不得使用油压车。

47．参展商必须于展览会结束后，立即按主办机构的安排在指定时间内撤走所有展品及展位物料。任何遗留在展览场地的展品或展位物料均被视作弃置物，主办机构将予以清理，费用概由有关参展商承担。如有任何因处理该等物品所得的收益，归主办机构所有。

48．主办机构有权委任一家或以上承包商处所有物品和展品的进馆及撤馆事宜，参展商必须使用指定承包商的服务。

49．主办机构有权随时封锁或删除主办机构网站与参展商网站之间的链接，毋须事先通知及给予任何理由。

50．对于在主办机构网站介绍或链接参展商网站方面可能引致的任何损失、毁坏或伤害，参展商必须不可撤销地放弃对主办机构提出任何索偿或采取法律行动的所有权利。

51．如有任何浏览者通过主办机构网站的链接进入参展商网站，非法或擅自使用参展商网站的资料，或作出其他侵权行为，主办机构概不负责。

52．参展商保证：主办机构因其网站与参展商网站链接或与之有关而可能蒙受或招致的一切损失、责任、法律行动、诉讼、索偿、毁坏、费用及开支，概由参展商负责赔偿。

免责条款

53．参展商或其代表、雇员、承包商、代理、产品或其他财产，或者任何参展商、访客所蒙受或招致的损失、伤害及其他毁坏，主办机构及其代理、代表、承包商或雇员概不负责，因主办机构或其雇员疏忽而引致的死亡或人身伤害除外。

54．参展商在展览会举行期间所进行或因展览会而导致的接触或交易结果，主办机构概不负责。

55．参展商保证：主办机构及其雇员和代理因本规则或因参展商违反本规则而蒙受或招致的一切损失、责任、法律行动、诉讼、索偿、毁坏、费用及开支，概由参展商负责赔偿。

56．参展商因失窃、火灾、公众（包括占用者责任）及其他任何自然原因引致的损失或毁坏，主办机构概不负责。

57.1　参展商必须负责购买保险，投保范围包括（但不限于）为其陈列品、展品及展位因失窃、火灾、公众（包括占用者责任）及其他任何自然原因引致的损失或毁坏，并须按主办机构要求出示有关保单。

57.2　参展商必须就本规则可能对其构成的所有潜在责任，以及可能因疏忽而招致的法律责任购买保险，并须按主办机构要求出示有关保单。任何因参展商或其代表、雇员或代理的行为或遗漏对展览场地、其他参展商或主办机构的任何财产造成的损失或毁坏，概由参展商负责赔偿。

58．主办机构有权就参展商因展览会而亏欠主办机构的一切款项（包括毁坏赔偿），扣押参展商在展览场地的任何财产。

弃权声明

59.主办机构未有行使本规则赋予的权利,并不等于其后不会执行本规则,亦不等于放弃行使对其后违规行为的权利。

终止参展资格

60.发生以下情况之一,主办机构有权实时终止参展商在展览会参展的资格及封闭其展位,毋须给予通知,有关费用概由参展商承担:

(a) 参展商或其代表违反本规则任何条款或根据本规则第65、66条订立的附加规则;

(b) 参展商进行任何主办机构认为不符合展览会性质及目的,或侵犯展览会其他参展商权利的活动;

(c) 在展览会首天展览开幕(于主办机构编印的参展商手册所示)前30分钟,参展商仍未报到,即被视作放弃展位,主办机构有权以其认为适当的方法使用有关展位。参展商被视为由当日起放弃参展,所缴参展费用不获退还;

(d) 参展商在展位展出与参展申请表内所填产品类别展区相符的合适展品,所占展出面积少于整体展出面积的70%;

(e) 主办机构决定终止有关参展权。

61.若参展商在展览会的参展权被主办机构根据第60条(a)、(b)、(c)或(d)项终止,参展商不得要求主办机构退还任何已缴款项。

62.若参展商的参展权被主办机构根据第60条(e)项终止,主办机构会向参展商退还全部已缴租金。参展商不得就任何与参展权被终止有关的损失或毁坏向主办机构索偿。

取消展览

63.若出现主办机构无法控制的情况(包括但不限于战争、禁运、骚乱、法律诉讼、急性瘟疫、传染病流行、自然灾害或政府规例),令主办机构全权酌情认为不能或不可举办展览会,主办机构有权随时取消展览会、更改展览会性质、缩小展览会规模、缩短或延长展期,毋须向参展商负任何责任。参展商不得就主办机构根据本条款取消展览会、更改展览会性质、缩小展览会规模、缩短或延长展期等行动引致的损失或毁坏向主办机构、其代理或代表索偿,亦不得要求退还全部或部分已缴款项。

64.主办机构有权随时更改展览会的图则、场地性质或地点,毋须通知参展商。在主办机构认为适当的情况下,可能酌情按比例发放展位租金津贴,但并无责任对参展商作出任何进一步赔偿。

附加规则

65.主办机构有权解释、更改及修订本规则任何部分,必要时可发布附加规则以确保展览会正常进行。所有行为毋须通知参展商。

66.主办机构对本规则及所有附加规则有最终解释权。

67.展览场地规则是本规则的组成部分,并纳入本规则内,参展商必须遵守。若展览场地规则与本规则有任何分歧,当以本规则为准。参展商可向主办机构索取展览场地规则文本。

监管法例

68. 本规则受中国法例监管，并按照中国法例解释。

七、保护知识产权规则

中国（深圳）国际钟表珠宝礼品展览会保护知识产权规则

1. 总则

1.1 中国（深圳）国际钟表珠宝礼品展览会（下称展览会）的主办机构深圳市钟表行业协会（下称主办机构）对知识产权极为重视，并致力确保参展商在展期内知识产权不受侵害。根据过往情况，个别参展商在展览会内有过展销侵权物品的现象。主办机构必须对这种参展商予以警示，杜绝侵权物品参展，创造公平竞争的良好环境，以吸引更多品牌企业来展览会进行公平贸易。

1.2 主办机构将尽一切努力，确保展览会气氛不受强迫性法律行动或不理智做法所骚扰；除参展商自己选择以法律途径解决之外，参展商在参展期间有关知识产权的争议必须按本规则处理。

2. 主办机构打击侵犯知识产权行为的做法

主办机构将采取必要行动打击在展览会场范围内发生的任何侵犯知识产权行为，包括：依照中国法律、双边多边国际公约被有效认定的已注册或授权使用专利权（实用新型专利、外观设计专利、发明专利）、商标权、著作权、产地标识等，其做法：

2.1 展览会揭幕前，通过行业"公平竞争委员会"这一组织成立检查团，对展馆内全部展位上的产品进行巡视，提醒参展商须尊重知识产权。

2.2 检查团由下列拥有表决权的人士参加：公平竞争委员会名誉主席1人（广东省知识产权局副局长）；公平竞争委员会主席1人（深圳市钟表行业协会应届会长）；副主席2人；2名法律顾问；委员7人（来自中国不同知名品牌的钟表企业专家）；检查团将以表决方式，根据表决人数（不少于7人）按过半数通过即为有效的原则作出决议；必要时，主席拥有决定性表决权。检查团亦可征询专业或权威人士的意见作出决议。

2.3 主办机构成立工作小组协助检查团安排工作，工作小组有5人：组长由主办机构秘书长兼任；2位副组长：业内学术专家；2名秘书处工作人员，协助开展工作。

2.4 如检查团发现有侵权产品，将与侵权参展商联络，责令该参展商撤下侵权展品，并要求该参展商保证展期内不再展示侵权产品，并同时有权按本规则3.6、3.7条款所列程序行事；否则由侵权参展商承担由此引起的一切经济和法律责任。

2.5 若有参展商或非参展商认为另一参展商侵犯其知识产权，检查团按本规则3.2、3.3、3.4、3.5条款派员到现场进行调查处理。

3. 检查团权力及工作程序

3.1 设置受理站。展期中，在展馆设立侵权投诉受理站。

3.2 假若参展商有充分证据或理由投诉另一参展商侵犯其知识产权，或按规定格式填写一份投诉书，并提供相关证据向受理站提出申诉。接受投诉后两小时内，检查团进入工作程序。检查团每天下午四时停止接受投诉。

3.3 投诉人须当场提交其依据中国法律享有知识产权保护的有效证明原始文本。不能当场提交原件的，可在其做出投诉后的10个小时内提交，但提交必须在展览会期间内。

3.4 投诉人按本规则第5条交付手续费。

3.5 检查团召开会议确定争议真相。检查团调查被投诉参展商的摊位时，投诉人必须在场。

3.6 为查清争议事项，检查团有权要求被投诉参展商暂时交出有争议的物品，留下检查团承办人签字的专用收条或拍下受争议物品的照片。

3.7 检查团根据争议双方的基本态度将调查结果及出具一份调查报告和处理意见，由检查团主席、查办人及监视人签字，并尽快通知争议双方及主办机构。

3.7.1 无明显侵权

假若没有足够证据证明发生侵权行为，检查团将通知主办机构投诉已获解决，不必采取进一步行动。一般情况下，检查团会促使争议双方以友好态度协商和解。

3.7.2 明显侵权

当发生侵权行为，检查团将责令侵权参展商立即收回侵权物品停止展销，并责令侵权的参展商签署一份保证书，内容包括下列各项：

(1) 承认检查团采取行动的权力和作出的决议；
(2) 同意收回侵权物品，并在展览会举行期间停止展销该物品；
(3) 保证书正本由主办机构保管，争议双方各保留一份副本。

3.7.3 如侵权行为严重，侵权企业以躲避形式对付检查团调查或拒绝撤出侵权物品，主办机构有权封闭有关展位。

3.7.4 视情况需要，对严重侵权企业采取严厉措施，主办机构有权永远取消该侵权企业参加本展览会的资格。主办机构有权将这一案例在行业媒体上报道。

4. 参展商的责任

4.1 为了令展览会保持良好气氛，参展商必须尽可能采取预防措施，在选择参展样品时，不要携带侵权产品，防止展览会的气氛受到影响。

4.2 参展商应熟悉本规则，自觉遵守本规则及参展商手册之条款。

4.3 执行首问责任制，任何一位在展位上工作的人员都有责任积极配合检查团查清问题，以尽快解决。不可以各种理由推脱、回避；更不能用简单、粗暴的方式妨碍检查团工作。

5. 手续费

5.1 参展企业提出投诉时，免缴投诉费。

5.2 非参展企业，按每一被投诉企业的每一个专利产品，向投诉受理站缴纳1000元人民币。受理站开出盖有"侵权投诉"字样的收据。

5.3 收款归于公平竞争委员会，用于宣传尊重知识产权，打击假冒伪造产品专项活动。

6. 本规则的解释权力在公平竞争委员会。

八、报到布展

标准展位布展流程

1. 布展时间：4月24日 9:00—22:00
2. 参展商须持《展位确认函》到主办机构大会办公室报到、办理入场手续，领取参展证（每个展位4个），有更多工作人员需入场的请自行办理参观人员入场登记。

3. 凭参展证进馆、找到自己的展位进行布展，参展商须严格遵守《参展商手册》及相关规定。

4. 如发现展位设施数量或摆放位置与额外设施租赁合同上有误，请与主办机构大会办公室联系。

5. 现场租赁或设施改动都由展览中心提供，请到展馆租赁服务处下单，收费标准请查阅展览设施服务价目表或向现场租赁服务处查询；现场租赁必须以现金即时交付。

6. 参展商需仓储物品可凭参展证寄存到主办机构指定仓库。

7. 4月28日16:00以后才可撤展，为保证展览会的形象和全体参展商的利益，参展商不得以任何理由提前撤馆。

空地展位布展流程

1. 布展时间：4月23日 9:00—17:00
   4月24日 9:00—22:00

2. 展位搭建图纸必须在4月6日前交由主办机构审批，搭建一律使用阻燃或难燃材料，展位高度不得超过6.5米，长宽不得超过指定的展位尺寸。

3. 参展商须持《展位确认函》到主办机构大会办公室报到、办理入场手续，领取布展证，布展证押金（10元/张）。

4. 施工单位进馆，须设有现场负责人，并向主办机构提供施工人数，凭布展证进馆，参展商须严格遵守《参展商手册》及相关规定。

5. 施工单位布展临时用电需到展馆现场租赁处申请，会场供应电力为220V，单项，50Hz或380V，三相，50Hz；相关费用有参展商承担并需现金即时交付。

6. 现场租赁或设施改动都由展览中心提供，请到展馆租赁服务处下单，收费标准请查阅展览设施服务价目表或向现场租赁服务处查询；现场租赁须以现金即时交付。

7. 参展商需仓储物品可凭参展证寄存到主办机构指定仓库。

8. 4月28日16:00以后才可撤展，为保证展览会的形象和全体参展商的利益，参展商不得以任何理由提前撤馆。

9. 参展商必须在展览完毕后将本展位设施及废物清理妥当，撤展清理完毕方可去展览中心现场租赁服务处办理押金退还手续。

标准展位规则

标准展位是指由展览中心统一提供的由隔板及铝条、铝柱组合而成的展位（已订标准展位参展商使用）。

所有标准展位的设计、盖建及装修工作均由主办机构负责。大会提供的设施包括围板、公司名牌、桌子、椅子、高柜或地柜、射灯及地毯等。主办当局有权在展览会开幕前，更改所提供的设施。

公司名牌之正确英文写法将根据申请表格所提供之名称为准。

一般而言，参展商不得改动展位结构或拆除展位的任何部分。参展商如有特别需要，如更改设施位置或删除设施，请于2006年4月10日前通知主办机构。

1. 展台是由隔板及铝条组合而成的，展商不可在隔板、楣板及铝料上钻孔、钉刮，如有损毁，展商需按原价赔偿。

2. 非大会供应的设施均不得装嵌在标准摊位结构的物料上。

3. 油漆或加墙纸绝对禁止应用于隔板上，展商可采用双面胶纸（海绵双面胶除外），但闭幕后须自行清理留在隔板上的标贴。

4. 参展商如需额外设施，如电话、陈列设施、视听器等，请预先申请租用，所有费用必须预先缴付，不同的租赁时段租金价格不同（详见"展具、设施租赁服务"）。

现场租用展具采用先到先制，现场租赁必须以现金即时缴付。

5. 任何装置的高度不得超过2.5米，或伸展超逾规定的摊位界限。有关装置包括展品、参展商提供的公司名牌、宣传材料及标记。

6. 参展商不可擅自移动租赁来的展具或其他展位的展具，违者按展具租赁价罚款。如需在现场取消或更改展具、灯具之位置，参展商须向展览中心工程部付施工费。收费标准请查阅展览设施服务价目表或向现场租赁处查询。

7. 展览会完结时，所有展品、摊位物料必须在主办机构规定的指定时间内立刻清理。任何展品、摊位物料搁置于展览会场将视为弃置物品，主办机构会向其参展商收取所须的清理费用。

8. 参展商装设的电器设备（包括照明装置）必须符合安全用电的有关规定。参展商不得在摊位内使用不合规格的电力装置。大会承建商有权将开关掣及过载保护分线箱放于摊位内的适当位置。

空地搭建规则

> 在展览空地自建展位

选择这种参展方式的参展商须租用 $48m^2$ 以上空地（参展商只获分配未铺有地毯的展览空地）。参展商须自行设计及盖建展位，并须遵守展览会规定，以及主办机构在展出前或举行期间的其他规定。

主办机构亦可为参展商提供在展览空地设计及盖建展位的服务。查询有关设计建议及报价，请与大会组委会联络。

> 设计图规

参展商须于2006年3月20日前将摊位设计草图及图则呈交主办机构审批，图则比例必须不小于1:100，并须注明十足尺寸及详附平面布置图、标明入口方向、摊位正视图、电力装置、用色及用料、视听器材等资料。高度限制除非参展商事先获得主办机构书面批准，否则所有摊位装饰、装置及展品高度均不超过6.5米。

> 设计草图审批

主办机构有权拒绝设计草图及图则，或要求参展商作出修改。除非设计草图及图则获主办机构书面批准，否则参展商不得在展览场地自行搭建摊位。

> 电力装置

所有电力装置必须由大会指定的承建商进行，有关费用由参展商负责。电力装置设计草图则须连同上述摊位设计图，2006年3月20日前呈交主办机构审批。会场供应电力为220V、单相、50Hz或380V、三相、50Hz。

> 承建商

租用展览空地的参展商可委托任何承建商设计及搭建摊位，但必须遵守大会的各项规定。如在委聘摊位承建商方面需要协助，可与主办机构联络。

所有租用空地的参展商必须在展览完毕后将所有大型展位设施及废物清理妥当。如主办机构认为摊位仍未清理妥当，参展商须交付费用人民币3000元。

> 展览现场及施工管理的规定

对按未经审核的图纸施工或作业不合乎以下规定的参展商，主办机构有权要求作出修改，因此而引致的昂贵的修改费用，将由参展商自行负责。各参展商、施工单位均不许在展览中心搭建标准摊位。不得擅自携带与展览中心相同的展具进场施工。

> 施工手续

各参展商或施工单位进馆施工前须向大会组委会提供以下材料，方可办理施工手续。
(1) 营业执照复印件一份。
(2) 施工人数、人员名单、身份证号码、联系电话。

施工单位不得为其他施工单位代办施工手续。如有违反将取消其进馆施工资格。

> 现　　场

(1) 施工单位在施工现场必须设有现场负责人，在办理施工手续时一并登记备案。
(2) 施工单位在施工中发生意外情况应及时与展览中心现场管理人员取得联系。
(3) 施工单位应对其施工人员进行文明施工教育和法制教育，发生问题本中心及有关部门将追究施工单位责任。

> 安全消防条例

(1) 展台搭建一律使用阻燃或难燃材料，结构须牢固可靠，确保展出安全。
(2) 在施工时，禁止使用易燃、易爆物品。施工现场禁止吸烟，严禁明火作业，严禁喷漆作业，如有违反规则给予罚款。
(3) 制作灯箱时应留有足够的散热孔，日光灯镇流器应脱离箱体，使用木质材料制作的灯箱，内部须作防火处理，电器安装严禁使用麻花线、电工胶布，电器安装必须遵守有关规定和专业规范，确保供、用电安全。
(4) 特装项目施工必须遵守展馆有关规定，不准超过限定高度（见各展馆高度表）。施工高度离展馆顶灯的距离不得小于2米。
(5) 在展馆搭建展台和铺设地台或进行其他施工项目时，不准在墙面和地面打孔、刷漆、刷胶、张贴、涂色，不准损坏展馆一切设施。如有违反按所损坏设备价格的2~5倍对责任人进行罚款。
(6) 展台搭建不准遮挡馆内的消防设备、电器设备、紧急出口和观众通道，各展馆防火卷帘门下不得搭建任何展架、展台。
(7) 如需在展馆网架上吊挂物品，须报展览中心展览工程公司同意方可施工。

九、展品货运、报关

海外展品运输服务

展会主办机构委托"香港金饴国际展运有限公司"为展会优先海外运输代理。参展商可委托其完成展品的运输及临时进出口事宜。

海外参展商有关运输事宜可直接同"香港金饴国际展运有限公司"联系。

委托"香港金饴国际展运有限公司"运输的参展商，应在4月4日前提供详细的展品清单。如自行委托其他运输代理，务必在3月25日前与主办单位联络，否则进出口报关事宜自理。

国内展品运输服务

展会主办机构委托深圳市兆航旅运为展会国内展品优先运输代理。

注意事项：

展品发运后参展商必须于发货后24小时内电话或传真通告货运公司，说明展览会的名称、件数、体积、重量、发货站、到货日期及运单号，并将提货凭证用快件形式寄到深圳市钟表行业协会，以保证及时提货。主办机构将于开展前两天将货运展品送到展位。

保险：

参展商应自行投保展品往返运输及在展览仓储期间的保险，如果展品发生意外情况，请参展商自行向保险公司索赔。

十、展具、设施、服务租赁

额外设施预定

注意事项：

预租：展览设施及有关展览服务的项目必须最迟在4月15日前预订，逾期租赁价格请仔细阅读下表（略）。

现场租赁：采用先到先得制，价格按现场租赁收费，必须以现金缴付。

其他：参展商不得擅自移动其他展位的展具，违者按展具现场租赁价罚款；如需在现场取消或更改展具、灯具的位置，需向展览中心工程公司交付施工费。

（资料来源：第17届中国（深圳）国际钟表珠宝礼品展览会）

活动训练

1. 上网查询指定的两个展会的参展商手册，分析其结构特点。
2. 上网查询展会展品运输指南写作特点，分析其与参展商手册的关系。

模块四　展会相关活动策划案

一、展会相关活动概述

展会相关活动是指为创造会展现场气氛或丰富展会功能而在展会期间举办的各种活动。这些活动和展会融为一体，成为整个展会的重要组成部分。展会相关活动可以和展会在同一个地方举办，也可以在不同地方举办。但是，一般来说，在展会现场场地允许的情况下，大多数展会相关活动是和展会在同一个地方举办的，因为这样更有利于该相关活动与展会之间的互动，有利于彼此资源共享。在展会期间举办的相关活动主要有会议、表演、比赛和其他相关活动。

提示：

在展会期间举办的相关活动主要有会议、表演、比赛和其他相关活动。

1. **会议**。会议是展会期间最常见的相关活动，现代展会越来越注重展览和会议并重。办展机构往往会在展览期间组织各种与展览相关的会议，并邀请一些著名的专家、学者、政府官员和企业参加，通过会议交流行业内的最新信息和动态，传播新技术，介绍新项目，提倡新理念和新思维。国际会议协会（ICCA）根据会议组织者的不同，将会议分为协会会议和公司会议，协会会议又分为科技会议、商贸会议和会员会议三种；公司会议则包括公司内部会议、公司外部会议和内外部兼顾的会议三种。目前，协会会议和公司外部会议对展览会的需求正在日益扩大。

2. **表演**。展会期间，举办各种与展览主题或展览题材相关的表演也是一项常见的展会相关活动。展会期间举办的表演活动主要分为三种：一是文艺性表演；二是营销性表演；三是程序性表演。其组织者可以是参展企业也可以是办展机构。由办展机构牵头举办的表演通常与展会在同一个地方举行，这样更有利于将表演和展会联为一体，借表演扩大展会的影响和吸引观众；由参展企业牵头举办的表演，其举办场地可以按企业的需要自由安排，但从实际操作看，多数参展企业都倾向于把表演安排在展会现场。还有些表演是办展机构和参展企业联合举办的，其活动地点也就由组织者双方来决定。另外，有些行业协会和政府主管部门也会利用展会的影响，与办展机构合作在展会期间举办一些表演活动。

3. **竞赛**。展会期间可以吸引大量的观众，展览使某个行业的有关企业齐聚一堂，众多的观众形成大量的人群聚集，在此期间举办一些比赛活动会产生较大的影响。在展会期间举办的竞赛活动一般有两种形式：一种是以大众观赏性为主要目的的竞赛活动，另一种是以行业为特征的专业性的比赛活动。前者基本都是在展会现场举办，后者基本都要开辟专门的场所和举办专门的活动。

4. **其他相关活动**。除了最为常见的会议、表演和比赛外，有些展会在展会期间还会举办一些其他相关活动，如群众性参与活动、投资项目招商洽谈活动、项目招标活动、影视明星及公众人物与大众见面活动等。

二、举办展会相关活动的作用

1. 展会相关活动能丰富展会的信息功能。展会是市场和行业信息的重要集散地，很多观众参观展会主要是为了搜集各种有用的信息，举办展会相关活动能极大地丰富展会的信息功能。例如，在展会期间举办一些专业研讨会、技术交流会和行业会议，与会的专家、学者和行业专业人士能将大量的专业领域或行业发展最新动态或成果信息带给会场听众，信息传播作用非常明显。

2. 展会相关活动能扩展展会的展示功能。展会是企业产品的重要展示平台，许多参展企业精心设计展位，精挑细选展品，主要目的是在展会上充分展示企业和产品的良好形象，树立和强化品牌。展会相关活动能很好地扩展展会的这一功能。例如，在展会期间举办的产品展示会、有关表演和比赛等能使企业和产品的形象更好地展现，使观众对其产品产生更加深刻的印象。

3.展会相关活动能强化展会的发布功能。在展会上,行业人士空前聚集,信息传播很快,在此发布新产品影响更大,展会因此成为许多企业发布新产品的一个重要场所。有些展会专门组织新产品发布会,还有些展会将新产品发布与表演和竞赛等活动结合起来举办,以此来强化展会的发布功能。

4.展会相关活动能延伸展会的贸易功能。许多企业参展的主要目的是贸易成交,很多观众参观的主要目的是为了寻找合适的供应商,展会因此也成为一个重要的贸易平台。展会相关活动能延伸展会的贸易功能,如产品订货会、产品推介会、项目招标活动等。

5.展会相关活动能吸引更多的潜在参展企业和潜在观众。策划得当、组织完善、丰富多彩的展会相关活动对展会观众有很大的吸引力,有些相关活动如行业会议、项目招标、技术交流会等对吸引企业参展也有较大的帮助。

6.展会相关活动能提升展会档次,扩大展会影响。现代展会是一个信息高度集中的丰富的商业平台,如果展会期间举办的相关活动策划得好,不仅能进一步扩大展会的影响,还能极大地提升展会的档次。例如,行业会议、高水平的专业研讨会和技术交流会等就能极大地提升展会的号召力。

7.展会相关活动能活跃展会现场气氛。一些富于观赏性的活动以及一些大众参与性较强的活动能极大地调动现场观众的参与积极性,使展会现场气氛活跃,为参展企业创造良好现场氛围。当然,并不是所有的展会相关活动都能对展会起促进作用,如果展会相关活动策划和组织不当,不仅起不到上述积极作用,对展会而言反而会是画蛇添足。所以,策划展会相关活动一定要遵循一些基本原则。

三、展会活动策划案主要内容与编写原则

展会活动策划案是公司或企业在短期内提高销售额、提高市场占有率的有效行为。如果是一份创意突出,而且具有良好的可执行性和可操作性的活动策划案,无论对于企业的知名度,还是对于品牌的美誉度,都将起到积极的提高作用。良好的活动策划案对公司品牌建设和产品销售都将起到推动的作用,而一个可操作性强的策划就需要一份可执行性很强的策划案,所以策划案的编写非常重要。

(一)展会活动策划案的主要内容及编写要求

1.展会相关活动案名称。要尽可能具体地写出策划名称,如"第十二届上海国际机床及模具制造设备展览会策划方案",置于页面中央。当然也可以将具体名称作为副标题写在主标题下面。

2.活动背景。这部分内容应根据策划书的特点在以下项目中选取内容重点阐述,具体项目有:基本情况简介、主要执行对象、近期状况、组织部门、活动开展原因、社会影响,以及相关目的动机。其次应说明问题的环境特征,主要考虑环境的内在优势、弱点、机会及威胁等因素,对其做好全面的分析(SWOT分析),将内容重点放在环境分析的各项因素上,对过去、现在的情况详细描述,并通过对情况的预测制定计划。如环境不明,则应该通过调查研究等方式进行分

析加以补充说明。

3. 活动目的、意义和目标。活动的目的、意义应用简洁明了的语言将要点表述清楚；在陈述目的要点时，该活动的核心构成或策划的独到之处由此产生的意义（经济效益、社会利益、媒体效应等）都应该明确写出。活动目标要具体化，并满足重要性、可行性和时效性的要求。

4. 资源需要。列出所需人力资源、物力资源，包括使用的地方，如会议室或使用活动中心都要详细列出。在资源分类上可以划分为已有资源和需要资源两部分。

5. 活动开展。作为策划的正文部分，表现方式要简洁明了，使人容易理解，但表述方面要力求详尽，写出每一点能设想到的东西，没有遗漏。在此部分，不仅局限于用文字表述，也可适当加入统计图表等；对策划的各工作项目，应按照时间的先后顺序排列，绘制实施时间表有助于方案核查。人员的组织配置、活动对象、相应权责及时间地点也应在这部分加以说明，执行的应变程序也应该在这部分加以考虑。

6. 经费预算。相关活动的各项费用支出在根据实际情况进行具体、周密的计算后，用清晰明了的形式列出。

7. 活动中应注意的问题及细节。内外环境的变化，不可避免地会给方案的执行带来一些不确定性因素，因此，当环境变化时是否有应变措施、损失的概率是多少、造成的损失多大、面对变化所采取的应急措施等内容也应在策划中加以说明。

8. 活动负责人及主要参与者。注明组织者、参与者姓名、嘉宾、单位（如果是小组策划应注明小组名称、负责人）。

（二）展会相关活动策划案的编写原则

对于一些刚接触会展策划的人士来说，可能在书写展会相关活动策划案时往往很难达到预期的效果，甚至一些从事多年策划的广告人有时候也难免犯错。要写出一份理想的展会相关活动策划案，需要注意以下几点：

1. 主题要单一，继承总的会展营销思想。在策划展会相关活动的时候，首先要根据会展本身的实际问题（包括欲举行展会相关活动的时间、地点、预期投入的费用等）和市场分析的情况（包括目标客户的分析、观展客商的心理行为分析、产品特点分析等）作出准确的判断，并且在进行SWOT分析之后，扬长避短地结合展会提取当前最重要的、最值得推广的一个活动主题，而且也只能是一个主题。在一次活动中，不可能将所有的事情都解决，只有把一个最重要的信息传达给目标消费群体，正所谓"有所为，有所不为"，这样才能把最想传达的信息最充分地传达给目标消费群体，引起受众群的关注，并且比较容易地记住活动所要表达的信息。

2. 直接地说明利益点。在确定了唯一的主题之后，受众消费群体会接受所要传达的信息，但可能有很多人虽然记住了广告，却没有形成参与的冲动，因为他们没有看到有直接关系的利益点。因此，在活动策划中很重要的一点是直接地说明利益点，如果是优惠促销，就应该直接告诉消费者你的优惠额数量，而如果是产品说明，就应该将产品最引人注目的部分作为卖点，只有这样，才能使目标客户在接触了直接的利益信息之后引起参与或购买的冲动，从而形成参与或购买的行为。

3. 会展相关活动要围绕会展的主题进行并尽量精简。很多策划文案在策划活动的时候往往希望执行很多的活动，认为只有丰富多彩的活动才能够引起消费者的注意，其实不然。其一，容易造成主次不分。很多市场活动搞得很活跃，也有很多人参加，似乎反响非常热烈，但是在围观或者参加的人当中，有多少人是企业的目标消费群体，而且即使是目标消费群体，他们在参加完活动之后是否会纷纷购买产品？目前一些策划者经常抱怨的一个问题就是围观者的参与道德问题，很多人经常是看完了热闹就走，或者是拿了公司针对活动发放的礼品就走。其实这里的问题就在于活动的内容和主题不相符，所以很难达到预期的效果。在目前的市场策划活动中，有一些活动既热闹，同时又能达到良好的效果，就是因为活动都是紧紧围绕着会展的主题进行的。其二，增加活动成本，执行不力。在一次策划中，如果加入了太多活动，不仅要投入更多的人力、物力和财力，直接导致活动成本的增加，还有一个问题就是容易导致操作人员执行不力，最终导致整个策划活动的失败。

4. 具有良好的可执行性。一个合适的产品，一则良好的创意策划，再加上一支良好的执行队伍，才是保证展会相关活动成功的关键。而展会相关活动执行是否能够获得成功，最直接和最根本地反映了策划案的可操作性。策划要做到具有良好的执行性，除了需要进行周密的思考外，详细的活动安排也是必不可少的。活动的时间和方式必须考虑执行地点和执行人员的情况进行细致分析，在具体安排上应该尽量做到周全，另外，在考虑展会相关活动策划时，还应该考虑外部环境对展会相关活动的影响。

5. 变换撰写风格。一般来说，策划人员在策划文案的撰写过程中往往会积累自己的一套经验，当然这种经验也表现在策划文案的编写形式上，所以每个人的策划文案可能都会有自己的一定模式。但这样的模式往往会限制了策划者的思维，一成不变的观点是不可能成功地把握市场的动向的。而在策划文案的编写格式和内容上也同样应该经常变换风格，如果同一个客户三番五次地看到你的策划都是同样的模式，很容易在心理上产生一种厌烦的态度。

6. 切忌主观言论。在进行展会相关活动策划的前期，市场分析和调查是十分必要的，只有通过对整个展会进行细致的分析，才能够更清晰地认识到参展企业或者产品面对的问题，找到了问题才能够有针对性地寻找解决之道，主观臆断的策划者是不可能做出成功的策划的。同样，在会展相关活动策划文案的写作过程中，也应该避免主观想法，切忌出现主观类字眼，因为策划文案没有付诸实施，任何结果都可能出现，策划者的主观臆断将直接导致执行者对事件和形式产生模糊的分析，而且，客户如果看到策划书上的主观字眼，会觉得整个策划案都没有经过实在的市场分析，只是主观臆断的结果。

7. 一次展会相关活动不可能达到巨大的推广效果，所以展会主办方不能奢

> **提示：**
> 会展相关活动要围绕会展的主题进行并尽量精简。否则容易造成主次不分，活动不力且增加活动成本。

望通过一次活动就能解决所有的问题。一次活动或许只能解决一个问题，在展会的推广和影响力扩大上，只有坚持正确的营销思想，并且在此思想下在适当的时间和适当的地点进行适当的展会相关活动，才能使展会保持更快更好的发展，才能吸引更多的客商关注展会。

四、策划举办展会相关活动的基本原则

会展相关活动是为会展服务的，它不能脱离会展而存在，更不能为举办活动而举办活动。举办相关活动一定要符合会展的需要，否则，相关活动不仅不能促进会展成功举办，反而会对会展产生这样或那样的不良干扰，浪费人力、物力和财力。策划举办会展相关活动一般要遵循以下基本原则：

1. 活动的主题与形式要符合会展的需要。相关活动的策划不能天马行空，漫无边际，活动的主题不能与会展毫不相干，活动的形式不能脱离会展的实际，否则，活动不但会与会展脱节，还会扰乱会展秩序，甚至带来安全隐患。

2. 能进一步丰富和完善会展的基本功能。即使是在同一个展会里，不同的参展企业和观众对展会基本功能的需求也是各不相同的，有的可能更在意贸易成交，而有的可能更注重搜集市场信息，一个展会有时很难同时兼顾贸易、展示、信息和发布这四项基本功能，并且，即使展会能同时提供这些功能，但往往也有强有弱，这时，会展的相关活动就要尽可能针对弱项而策划，用相关活动来进一步丰富和完善该功能。

3. 有助于会展吸引更多的潜在企业参展和观众参观。会展不能没有一定数量的参展企业和观众，企业参展是会展存在的基础，客商和观众参观是展会进一步发展的根本，会展相关活动的举办要对企业参展或观众参观形成一定的吸引力，用相关活动来促进展会进一步发展。

4. 有助于活跃展会现场气氛但不能影响企业展出和观众参观。表演、竞赛等相关活动常常能产生十分热闹的气氛，能吸引大量的人群围观和参与，这对活跃会展现场气氛有一定的帮助，但是，如果其气氛过于热烈，到会的无效观众太多，就会对企业的展出产生不利影响，对观众参观产生干扰。展会相关活动要努力避免产生这种现象。

5. 活动本身要能产生较好的效果。活动本身要策划得当，组织有力，秩序井然，为人们喜闻乐见，并产生良好效果。例如，专业研讨会要能紧紧抓住行业的热点，群英聚集，智慧激荡。如果活动不能产生较好的效果，则活动的存在本身就是一个问题，更不用说借助于活动来促进会展的进一步发展了。值得一提的是，在有些会展构成里面，会议是主要的角色，展览只是为会议服务的一个配角。这时，对于展览和其他相关活动的策划就不能照搬上述办法，其策划的定位就需要重新考虑了。

> **阅读材料**
>
> 上海旅游节"浦东啤酒之夜"活动策划
>
> 1. 时间：
> 2. 地点：
> 3. 活动：
>
> 整个浦东啤酒节将由若干个主题啤酒之夜活动组成：
>
> (1)"奥运之夜"：邀请参加悉尼奥运会的体育健儿，不管是赢得金牌的还是榜上无名的，以及上海赴奥运会采访的电视、报纸新闻工作者，让他们欢聚一堂，了解奥运趣闻和健儿的拼搏轶事，共度美好时光。
>
> (2)"摇滚之夜"：邀请常年在海伦宾馆演唱的菲律宾、马来西亚歌手、乐手参加，点唱具有异国情调的乐曲、歌曲，增添浪漫气氛。
>
> (3)"民族歌舞之夜"：邀请云南少数民族歌舞演员载歌载舞，并按其民族风俗为客人泼水祝福，邀请客人同歌共舞。
>
> (4)"球迷球星之夜"：邀请部分申花、中远队的队员与球迷见面，开展球星、球迷颠球、猜球、喝酒比赛。
>
> (5)"时装、激光之夜"：邀请上海时装公司时装队表演，配以五彩缤纷的激光演示，渲染、美化金秋，增加节庆气氛。
>
> (6)"戏曲、曲艺之夜"：邀请上海戏曲、曲艺界的中青年著名演员参加助兴演出，并以酒为题，唱、念、做、打，各显其能。可与电台"星期戏曲广播会"合办。
>
> (7)"爵士之夜"：邀请上海和平饭店爵士乐队或上海市三女中女子管乐队演奏怀旧金曲，让客人翩翩起舞。
>
> (8)"影星、影迷之夜"：邀请国庆前夕在沪举办首映活动的电影导演、演员参加啤酒节之夜活动，或邀请沪上著名影视明星、歌星参加，通过见面、联欢，达到轰动效应。
>
> (9)"劳模之夜"：邀请孟超、徐虎、包起帆等新时期劳模和马桂宁、杨富珍、程德旺等老劳模参加，通过与劳模联欢、对对子、献花、慰问等形式达到宣传劳模、崇尚先进的目的。
>
> (10)"投资者之夜"：邀请浦东新区和市区的海外投资者及部分高级雇员参加，通过交流情况、发布信息，让投资者们对上海浦东热土的改革开放充满信心，并通过联谊，使身心得到愉悦。
>
> （资料来源：许传宏主编：《会展策划》，复旦大学出版社 2005 年版）

活动训练

1. 策划班级元旦庆祝活动。
2. 针对该元旦庆祝活动写出一份简单的和详细的策划案。

模块五　展会宣传计划书及广告文案

一、展会宣传书及广告文案概述

（一）展会宣传书概述

展会宣传是吸引参加者、推广展会主题、树立展会品牌的重要手段，展会宣传的具体执行也应全方位立体化，通过综合运用各种宣传手段实现最佳的宣传效果。

宣传活动的手段是多种多样的，可以利用电视、电台、报纸、杂志等媒体，也可以借助广告招贴画、宣传册、传单、横幅、旗帜、会标等多种形式。将这些宣传手段进行巧妙的组合，可以达到最佳的宣传目的。

（二）展会广告概述

展会广告是在市场调查研究基础上，围绕举办的展会活动的主题而进行的广告宣传活动。

展会广告的投放主要依托于报纸、网络、电台、电视等多种媒体和车身、户外广告牌等多种形式。媒体的选择主要针对展会的性质而定，如果是专业性、行业性较强的展会多选择那些目标客户针对性较强的专业、行业期刊、网站；如果是一般大众流通消费品展会，可以选择那些大众传媒，如电视、大众读物等，也可以在举办展会城市集中投放户外广告，以便扩大影响，招徕观众。

展会广告的效果与广告的发布时间密切相关，通过媒体发布的广告应尽量将发布期拉长，以便加深客户对展会的印象，而户外广告多在展会前几天采取密集投放的形式进行。

二、展会宣传书结构及书写要求

一份展会宣传书结构如下：

1. 展览概要；
2. 展览指南：公司介绍、产品介绍、展台布局、会场地图等。

展会的宣传渠道可以是多种多样的，依据举办者的宣传影响力要求，可采取以下宣传方式进行：

1. 新闻：新闻招待会、记者招待会、新闻稿发布；
2. 平面媒体：报纸、杂志、内部刊物；
3. 海报、招牌；
4. 直接发函；
5. 网络媒体、电视、电台；
6. 摄像、摄影；
7. 发放资料。

另外，在进行媒体新闻宣传时，一般会展的组织者应向新闻媒体提供文字版新闻稿供媒体记者宣传报道时参考,需要指出的是,向媒体记者提供的新闻稿内容必须具有报道价值,能够充分引起新闻媒体的兴趣,否则,新闻媒体是不会播报的。

三、展会广告文案主要内容及编写要求

广告文案的写作是一种命题式的写作,具有很强的目的性。要求其能够准确地向目标客户表达展会的主题,传达展会的信息,表明发布广告的意图。一份完整的展会广告策划书结构及写作要求如下:

(一)展会广告文案的主要内容

1. 前言部分。应简明概要地说明广告活动的时限、任务和目标,必要时还应说明会展组织者的营销战略。这是全部计划的摘要,目的是把广告计划的要点提出来,让会展组织者的最高层次决策者或执行人员快速阅读和了解广告的内容和广告的整体构思,当最高层次的决策者或执行人员对广告策划书的某一部分有疑问时,能通过翻阅该部分迅速了解细节,这部分内容不宜太长,以几百字为佳,所以有的广告策划书称这部分内容为"执行摘要"。

2. 市场分析部分。市场分析部分一般包括四方面的内容:(1)企业经营情况分析;(2)产品分析;(3)市场分析;(4)消费者研究。撰写时应根据产品分析的结果,说明广告产品自身所具备的特点和优点。再根据市场分析的情况,把广告产品与市场中各种同类商品进行比较,并指出消费者的爱好和偏向。如果有可能,也可提出广告产品的改进或开发建议。有的广告策划书称这部分为情况分析,简短地叙述广告主及广告产品的历史,对产品、消费者和竞争者进行评估。

3. 广告战略或广告重点部分。一般应根据产品定位和市场研究结果,阐明广告策略的重点,说明用什么方法使展会在目标客户群心目中建立深刻的印象;用什么方法刺激观展者产生观展兴趣,使参展商产生参展的愿望;用什么方法尽可能扩大展会的影响力度;用什么方法提高展会的整体形象。有的广告策划书在这部分内容中增设促销活动计划,写明促销活动的目的、策略和设想;也有把促销活动计划作为单独文件分别处理的。

4. 广告对象或广告诉求部分。主要根据展会定位和市场研究测算出广告对象有多少人、多少户。根据人口研究结果,列出有关人口的分析数据,概述潜在客户的需求特征、心理特征、生活方式、消费方式和消费习惯等。

5. 广告地区或诉求地区部分。应确定广告投放的目标市场,并说明选择此特定分布地区的理由。

6. 广告策略部分。要详细说明广告实施的具体细节。应把所涉及的媒体计划清晰、完整而又简短地设计出来,详细程度可根据媒体计划的复杂性而定。也可另行制作媒体策划书。一般至少应清楚地叙述所使用的媒体、使用该媒体的目的、媒体策略以及媒体计划。如果选用多种媒体,则需对各类媒体的刊播及如何交叉配合加以解释说明。

7. 广告预算及分配部分。要根据广告策略的内容,详细列出媒体选用情况

及所需费用、每次刊播的价格，最好能制成表格，列出调研、设计、制作等费用。也有人将这部分内容列入广告预算书中专门介绍。

8. 广告效果预测部分。主要说明经广告主认可，按照广告计划实施广告活动预计可达到的目标。这一目标应该和前言部分规定的目标任务相呼应。在实际撰写广告策划书时，上述八个部分可有增减或合并分列。如可增加公关计划、广告建议等部分，也可将最后部分改为结束语或结论，根据具体情况而定。

阅读材料

一、展会宣传策划书

1999昆明世界园艺博览会宣传工作方案

1. 国内宣传

(1) 充分利用通讯站、报刊、广播、电视等新闻媒体，宣传我国政府主办世博会的目的、意义和有关情况；宣传我国政府要把1999世博会办成一个世界各国、我国各地、各界踊跃参加的世纪之交的全球性盛会。

(2) 选择适当时机，在北京、上海、广州等城市举办1999昆明世博会宣传周活动。在云南，为使世博会家喻户晓，要举办形式多样的园艺、文化和宣传活动。通过上述活动，扩大世博会的影响力和辐射力。

(3) 重视世博会的环境宣传，选择适当时机张贴、散发世博会宣传画和宣传品，并做好公益广告的宣传。

(4) 中央及各地新闻单位根据自己的特点，在1999昆明世博会开幕前200天、100天、50天时进行较为集中的宣传，形成迎接世博会的热烈气氛；世博会期间，开辟专栏、制作专题节目，报道世博会情况。

(5) 中央新闻单位根据自己的实际情况，制定相应的宣传报道计划；各省、自治区、直辖市的主要新闻单位也可以派记者采访报道世博会；组委会和云南省政府将设立新闻中心，负责新闻记者的接待工作。

(6)《人民日报》、《光明日报》、《经济日报》和《云南日报》等报刊在1999昆明世博会开、闭幕当天发表社论或评论；中央电视台、中央人民广播电台、中国国际广播电台现场直播开幕式，并对开幕式当晚的大型文艺晚会和闭幕式安排录像或制作专题节目播出。

云南省从1998年1月1日启动世博会倒计时（485天）宣传活动，并在昆明东风广场设立倒计时钟，各有关部门分别举办迎接世博会演讲比赛、知识竞赛和专题文艺晚会等活动。中央电视台自1998年7月5日开始世博会300天倒计时宣传和世博会公益广告播出。国内各主要报刊相继以专版、专栏形式开展对1999昆明世博会的全方位报道，组委会和云南省政府先后在北京、上海举办宣传周活动，形成立体交叉、有密度、有深度、有力度的宣传格局，使1999昆明世博会逐步为社会各界和广大群众所知晓、了解，达到较好的宣传效果。

2. 对外宣传

（1）利用世博会的机会，通过各种方式大力宣传介绍改革开放以来我国经济建设取得的巨大成就以及社会各方面发生的重大变化，反映我国社会文明程度和国民素质不断提高的情况。

（2）围绕"人与自然——迈向21世纪"这一主题，积极宣传我国可持续发展战略和根据这一战略而高度重视保护自然环境，以及为保护环境付出的艰苦努力并取得的显著成效，宣示21世纪中国将更加美好。

（3）宣传我国政府和社会各界对1999昆明世博会的高度重视，世博会各项筹备工作顺利进行，介绍世博会场馆建设、布展、绿化、环境整治方面的进展，说明我国有决心也有条件办好世博会这样大型的国际活动。

（4）宣传我国历史悠久、博大精深的园林园艺文化，及其在改革开放新的历史条件下得以发扬光大的情况。

对外宣传工作分以下四个阶段组织实施：

第一阶段，从1998年7月上旬至10月中旬

——由云南省委外宣办同中央电视台、中国国际广播电台、《人民日报》海外版协商，建议在中央电视台第四套节目中开办宣传报道世博会的专题节目，在中国国际广播电台开辟世博会专题报道，在《人民日报》海外版开辟世博会专栏。同时请新华社、中新社和《中国日报》、《北京周报》、《今日中国》和《中国画报》等对外宣传媒体每日加强对世博会的宣传报道，使对外宣传工作形成一定的声势。

——请香港和澳门的《大公报》、《文汇报》、《香港商报》、《中国日报香港版》、《澳门日报》以及《紫荆》、《经济导报》等报纸杂志，根据各自特点，进行有关世博会的宣传报道。

——由中国国际广播电台举办世博会环球知识问答活动。

——由国务院新闻办协调，利用我国在海外的舆论阵地、外宣窗口开展世博会的宣传工作。

第二阶段，从1998年10月中旬至1999年1月下旬

——由有关部门组织宣传小组赴西欧、美国、日本等国家和地区举办中国1999昆明世博会宣传周活动。

——邀请外国常驻中国记者赴滇考场采访世博会准备情况。

——请外交部、文化部在我国主要驻外使领馆积极开展对世博会的宣传工作。

第三阶段，从1999年1月下旬至4月底

——请中国国际广播电台举行环球知识问答评选授奖活动，并请中央电视台第四套节目播出活动情况。

——向港澳台新闻媒体，各国常驻北京、上海新闻机构，国外主要新闻媒体发出参加采访1999昆明世博会的邀请函，做好接待港澳台记者及国外记者的各项准备工作。

第四阶段，从1999年5月1日至10月31日

——中央电视台第四套节目、中国国际广播电台向海外直播世博会开幕式和大型迎宾文艺晚会盛况。

——邀请中央对外新闻宣传单位记者、港澳台记者及国外记者等报道世博会开幕式及各项重大活动。

　　——请中央对外新闻宣传单位在开幕式期间组织记者采写一批各参展国和参展国际组织的专稿，通过我国对外宣传媒体向国外播发。

　　——搞好世博会会期各项活动、闭幕活动以及世博会取得成功的新闻发布会的对外宣传报道。

(资料来源：许传宏主编：《会展策划》，复旦大学出版社2005年版)

活 动 训 练

1．结合本校招生宣传，撰写招生宣传策划方案。
2．结合本校招生宣传，撰写广告文案。

模块六　展　会　预　算

一、展会预算

　　预算是会展管理中一项极其重要的行动计划，是协助会展公司实现财务目标的重要工具。财务预算表达的主要是资金、收入、成本、费用和利润之间的关系，其中利润目标是会展公司的主要奋斗目标。我们可以把预算作为会展活动成功的基础，没有好的预算，则很难实现会展盈利的目标；同时我们也可以把会展预算看作是地图，它会引导公司到达所寻求的目标。为了实现这个目标，我们必须做到有计划、有步骤且保证随时更新信息。

　　展会预算是指根据财务分析和预测、筹措和安排举办展会所需要的资金投入量，为展会的前期资金投入提供保障。展会预算根据财务分析基础数据及其预测，可以计算出展会项目的财务赢利性如何。因此，要实现办展或参展的经济效益，必须在会展预算这一关做好工作，制定一个合理的会展预算，并在会展进行过程中，严格按照预算进行操作，只有这样，才能保证参与会展的各方获得预期的经济效益。

二、制定展会预算的过程

　　展会预算是会展前期管理的一部分，必须结合办展（参展）具体目标，有计划、有步骤地进行。除了一些特殊情况，办展机构举办展会最起码的要求是能够达到盈亏平衡的状态。也就是说，如果举办一个展会不能达到盈亏平衡，那么，此次展会举办的可能性就要仔细斟酌了。

进行盈亏平衡分析,最重要的是要找到能够使展会达到盈亏平衡的"盈亏平衡点"。所谓盈亏平衡点,就是能够使展会达到盈亏平衡的展会规模或展会价格。或者,就是办展机构举办展会所得到的所有收入恰好能弥补其为举办该展会所支出的所有成本费用,也就是总收入正好等于总成本。这样就可以为展会制定更加合理的价格,为展会规划更为合理的展览规模。制定展会预算的具体步骤包括:

(一)明确办展(参展)的具体目标

如实现成交额多少元,参观人数达到多少人,树立参展企业的形象等。在明确具体目标的基础上,才能着手制定会展预算,只有能实现会展目标的预算才是合理的、成功的预算。

(二)编制逻辑与框架流程

一般来说,会展项目的预算编制应根据以下几个要素进行:以往相同或类似会展的历史资料;基于专业知识的合理判断和准确的预测;使用可提供资源期望得到的合理收支;为会展项目筹措资金而选择适用的财务类型,如预付款、现存资金、借贷资金等。编制预算的流程为:编制会展的固定支出、可变支出、会展的预算收入。

(三)拟订预算

在以上信息的基础上,对需要支出的各种费用和可能取得的各项收入进行详细的列表分析,根据总预算作必要的调整,可以制定出相对精确的预算来指导会展工作。

1. 展会成本支出预算。对各项支出作出客观正确的科目分类,是进行会展费用管理的第一步,也是进行健全有效的财务管理的关键因素。这些支出的分类一般是根据历史数据而定的。

(1)交通费用。交通费用可以细分为:①出发地至会务地的交通费用,包括航班、铁路、公路、客轮,以及目的地车站、机场、码头至住宿地的交通。②会议期间交通费用,主要是会务地交通费用,包括住宿地至会所的交通、会所到餐饮地点的交通、会所到商务交际场地的交通、商务考察交通以及其他与会人员可能使用的预定交通。③欢送交通及返程交通,包括航班、铁路、公路、客轮及住宿地至机场、车站、港口交通费用。

(2)会场费用。具体可细分为:

①会议场地租金。通常而言,场地的租赁已经包含某些常用设施,如激光指示笔、音响系统、桌椅、主席台、白板或者黑板、油性笔、粉笔等。但一些非常规设施并不涵盖在内,如投影设备、临时性的装饰物、展架等,需要加装非主席台发言线路时也可能需要另外的预算。

②会议设施租赁费用。此部分费用主要是租赁一些特殊设备,如投影仪、笔记本电脑、移动式同声翻译系统、会场展示系统、多媒体系统、摄录设备等,租赁时通常需要支付一定的使用保证金,租赁费用中包括设备的技术支持与维护费用。值得注意的是,在租赁时应对设备的各类功效参数作出具体要求(通常可向专业的会议服务公司咨询,以便获得最适宜的性价比),否则可能影响会议的进行。另外,这些会议设施由于品牌、产地及新旧不同,租赁的价格可能相差很大。

③会场布置费用。如果不是特殊要求，通常而言此部分费用包含在会场租赁费用中。如果有特殊要求，可以与专业的会议服务商协商。

④其他支持费用。这些支持通常包括广告及印刷、礼仪、秘书服务、运输与仓储、娱乐保健、媒介、公共关系等。基于这些支持均为临时性质，如果会议主办方分别寻找这些行业支持的话，其成本费用可能比市场行价要高，如果让专业会议服务商代理，将获得价格相对比较低廉且服务专业的支持。

对于这些单项服务支持，主办方应尽可能细化各项要求，并单独签订服务协议。

(3) 住宿费用。值得注意的是，住宿费里面有些价格是完全价格，而有些是需要另外加收政府税金的。对于会议而言，住宿费可能是主要的开支之一。找专业的会展服务商通常能获得较好的折扣。正常的住宿费除与酒店星级标准、房型等因素有关外，还与客房内开放的服务项目有关，比如与客房内的长途通讯、迷你吧酒水、一次性换洗衣物、互联网、水果提供等服务是否开放有关。会议主办方应明确酒店应当关闭或者开放的服务项目及范围。

2．展会收益预算。会展的组织者除了对会展的支出项目进行规划，还应该仔细审视收益项目。当然，有的展会不以营利为目的，主办者只要把预算额全部合理支出即可。收益项目的考察和管理，能够帮助组织者冲销费用，对整个会展活动进行全面把握。收益项目的来源比较简单，主要有以下几项：

> 提示：
> 会展收益主要来源包括：拨款、参展商参展费、门票收入、出售展品和纪念品的收入以及广告和赞助。

(1) 拨款。是一种最简单的收益来源。

(2) 参展商参展费。是参展商为参加展会所支付的展位及报名费。这类收费额必须经过细致精确的计算，保证能够冲抵组织者在展场预订、行政及后勤等项目上的支出。否则，参展摊位越多，组织者亏损越大。

(3) 门票收入。门票不仅能为组织者带来收入，更是一项衡量展会影响力的重要指标。在确定门票价格时应考虑参观者接受程度，通常专业性较强的展会观众人数少，参观者中专业观众比例较高，对门票价格不敏感；非专业性展会观众人数多，有一定的价格敏感性，门票宜定低价；还有一些具有公益性质的展会，甚至完全免费对观众开放。总之，门票价格的确定以达到预期的观众数量为基本原则。

(4) 出售展品、纪念品的收入。对于文化商品交流类的展会，展品、纪念品的销售是组织者的一项重要收入来源。所出售的展品和纪念品要保证质量，其价格要与展会本身的定位协调一致，过高的价格影响销售量，过低的价格则有损展会的档次和品味。

(5) 广告、赞助。这是展会重要的收入来源。如奥运会的主要收入之一就是企业的赞助和广告。会展计划的重要内容之一，就是通过各种渠道使相关行业的企业提前了解展会情况，鼓励其参展，对著名企业要特别关注，以争取它们对展会赞助和在展会中投放广告。

展会不仅能为组织者带来利益，还能为展会举办地的相关产业产生巨大的拉动作用。把会展的相关产业拉动值计入预算，有利于组织者更好地把握会展效益。

3．公布预算，征求意见。预算草案成形后，要征求各方的意见，有三个原则要注意：一是选定一个人负责全部直接开支，明确费用标准和使用的权限及范围，交代清楚展出目标和预算额，向全体筹备人员说明；二是不轻易改变授权，也不轻易改变被授权人的决定；三是不要保密，要将预算限额告知有关的人员，包括外部的承包商。参考各方的意见，可以使预算更加合理。

4．修正预算。由于预算是通过估计制定的，难以保证准确，需要不断地调整。一个耗资不菲的会展，其预算至少每个月要检查一次，发现问题就及时进行调整，使之符合实际情况和需要。必须说明的是，改变预算是很正常的，但任何改变都应有充分的理由。如果理由成立，即使会造成额外的开支，甚至损失，都有必要坚决改变。最好的方法是仔细调研、认真核算、周密安排。而且，需要注意的是，改变预算的时间离展会开幕日期越近，可能产生的额外费用越高。

所以，在制定会展预算的时候，一定要注意把预算的原则性与灵活性结合起来，处理好静态预算、弹性预算、滚动预算三者之间的关系，以防在不可控因素出现时可以进行预算调整。

三、现金流量分析

并不是每一个展会项目在举办一两届之初就能获利，大部分展会都要经过三至五届的培育才逐步开始盈利。分析项目的现金流量及其结构，可以了解办展机构现金的来龙去脉和现金收支结构，从而评价自身的经营状况、贴现能力、筹资能力和资金实力。因此，办展机构需要通过现金流量分析来进一步判断某个展会项目是否值得开发。

只有现金流入量大于现金流出量，该展会才是值得投资举办的。我们可以通过一些专门的方法测算出展会举办各阶段的现金流量值，测算出现金流量值后，就可以用以下几个指标来对展会是否值得举办作出初步的判断：

1．净现值（NPV）。是指展会项目计算期内，按行业基准收益率或其他设定的折现率来计算的各届展会的净现金流量现值的代数和。它是评价项目赢利能力的绝对指标，反映项目在满足基准收益率要求的盈利之外所获得的超额盈利的现值。若净现值大于零，表明项目的赢利能力达到或超过基准计算的赢利水平，该展会就值得举办。

2．净现值率（NPVR）。是指展会项目的净现值占原始投资现值总和的比率。若净现值率大于或等于1，该展会就值得举办。

3．获利指数（PI）。是指展会项目举办后按行业基准收益率或其他设定的折现率折算的各届展会的净现金流量现值总额与原始投资现值总额之比。若获利指数大于或等于1，该展会就值得举办。

4．内部收益率（IRR）。是指在整个计算期内，展会项目的各年净现金流量现值累计为零时的折现率，它是评价项目盈利能力的相对指标。若内部收益率大于资金成本，该展会就值得举办。

四、资金筹措

资金筹措是展会预算中的重要环节之一，其直接表现是制订一个详细可行的资金筹措计划。该计划主要包括资金来源渠道、资金分配情况、筹集负责人、截止时间等，以保证各项资金的专人负责、专款专用。常用的展览筹资渠道有：

现金流量：
是指在计算期内，会展项目各项现金流入量与现金流出量的统称，包括初始现金流量、营业现金流量和终结现金流量。

(1) 从上一届展会的盈余中提取一部分；(2) 政府拨款；(3) 办展机构的各单位出资；(4) 向银行借款或发行债券；(5) 寻找新的合作伙伴。

阅读材料

××公司展会成本收入预算表

	项　目	金额（元）	占总收入的比例（%）
收入	广告收入	20000	11.76
	优惠销售收入	7200	4.24
	捐款收入	10800	6.35
	博览会或展览会展台租金收入	56000	32.94
	以货代款的礼品（按成交价值计算）	4000	2.35
	赠款和合同收入	3000	1.76
	大型活动票房收入（1）	12000	7.06
	商业销售收入	5000	2.94
	注册费收入	6000	3.53
	大型活动票房收入（2）	6800	4
	赞助费收入	36000	21.18
	经销商佣金收入	3200	1.89
	总收入	170000	100
成本费用	调研费	0	0
	许可证费	6000	6.34
	注册费	9000	9.51
	新闻费	8000	8.46
	公关费	4200	4.44
	广告费	8800	9.30
	日常管理费	3300	3.49
	设计施工费	23000	24.31
	装饰费	4000	4.23
	现场办公费	3600	3.81
	展品运输费	10000	10.57
	展场设备租赁及相关费	8000	8.46
	工作人员费	6700	7.08
	总成本费用	94600	100
利润		75400	

剩余收入 = 收入合计 − 支出合计 = 170000 − 133100 = 36900（元）

（资料来源：向国敏主编：《会展文案》，旅游教育出版社2007年版）

活动训练

1. 策划一个校园主题活动，做出活动成本收入预算表。
2. 分组讨论展会收入的组成。

第三单元 DISANDANYUAN
会 展 实 施

模块一 会议文件

一、会议文件概述

会议文件涵盖的范围较广,在国际或国内会议实践中形成的书面文书都可归属为会议文件。按会议的进行顺序可将其分为三部分。

(一)会前文件

会前文件是指展会开始前形成的文件,数量最多,也是与会准备过程中重要的参考材料。

1. 会议邀请书。会议邀请函是专门用于邀请特定单位或人士参加会议时,具有礼仪和告知双重作用的会议文案。邀请函用于会议活动时,与会议通知的不同之处在于:邀请函主要用于横向性的会议活动,发送对象是不受会议主办者所制约的单位和个人,一般不具有法定的与会权利或义务,是否参加会议由其自行决定。例如举行学术研讨会、咨询论证会、技术鉴定会、贸易洽谈会、产品发布会产等,以发送邀请函为宜。而会议通知则用于具有纵向关系(即主办方与参会者存在隶属关系或工作上的管理关系)性质的会议,或者与会者本身具有参会的法定权利和义务的会议,如人民代表大会、董事会议等。对于这些会议的对象来说,参加会议是一种责任,因此只能发会议通知,不能用邀请函。学术性团体举行年会或专题研讨会时,要区别成员与非成员。对于团体成员应当发会议通知,而邀请非团体成员参加则应当用邀请函。

会议邀请函的基本内容与会议通知一致,包括会议的背景、目的和名称;主办单位和组织机构;会议内容和形式;参加对象;会议的时间和地点、联络方式以及其他需要说明的事项。

2. 与会须知。往往由会展会议组织者连同承办者共同准备,旨在向与会者介绍与会期间必须知悉的情况及知识,包括:会议所在地的基本情况,会场服务设施与项目,当地的气候、电压、市内交通、购物去处;会议所在宾馆或酒店的平面图、会议厅室及会议秘书处办公室的位置、房间号、电话;国际类型的展会还要有外国使馆及国际组织机构的电话；组委会的情况。

3. 议程草案。即会议的临时议程，包含议程项目（议题）及审议顺序。

4. 议题注释。秘书处准备的关于各个议题的说明，一般采取简介的方式，客观介绍各个议题的主要内容、中心环节及其他有关情况，以使与会者能快速了解议程的全貌。有时也有提示讨论内容之意。

5. 背景材料。是关于会议突出问题的参考材料，此类材料多具专题性质，内容包括：问题的起源、发展经过、当前情况、发展趋势、各方态度、争论焦点及政策建议等。以秘书处名义准备的材料，一般较为客观；以个人或小组名义撰写的材料，多代表一个方面的看法。背景材料是会前文件中较有实质内容的部分，应是与会者仔细阅读和研究的重点。

6. 会议日程。关于展会及各委员会讨论各个议题及有关活动的日期、时间和地点的一览表。与会者经常需要查阅以掌握会议的进程和准备与会。如果预定的计划有变，为使与会者能及时准确掌握会议的进展及可能的变更，有的国际会议还发布"每日活动日程"作为补充。

7. 与会者名单。根据会前报名情况由秘书处编制的名册，于会议报到时分发与会者。名册一般按国家、地区、单位或会议分组分列。正式的与会者名单在稍后时间按正式注册时登记的情况编制。与会者名单开列了各与会成员的姓名、职务和在会议中的身份。它也可包括国际机构、民间组织及当地外交团等与会者及秘书处官员的姓名、与会身份。

8. 证件、请帖、表格。严格来说这些不属于会议文件，但可归入"文书"类。各种证件，特别是身份证，是证明与会人员身份的文书。有的会议在开幕前直接为参会代表办理代表证，许多大型会议要求与会人员随身佩戴，因它们也是出席会议和参加社交活动的准入证。请帖种类繁多，一般用于邀请出席仪式、宴会、演出等，其中以开幕式请帖最为重要与讲究。各种表格则在代表报到、要求发言、登记返程航班、索要文件等情况下都可能使用。

（二）会际文件

会际文件是会议进行期间产生的文件。会际文件包括：

1. 主席的开幕辞和闭幕辞、来宾的讲话及各方的贺电（信）。这些文件具有一定的礼宾性质，但从字里行间人们也不难体察有关方面和人士对于会议的期待、重视和评价，特别是主席或贵宾的闭幕辞往往具有总结性质，尤其受到各方重视。

2. 秘书长等执行机关领导人的工作报告。工作报告回顾一个时期以来的发展形势和工作成就，指出存在的不足和面临的困难，并提出下一步的工作计划和要求代表决定的问题。工作报告是对上届会议各项决定执行情况的交代，也是对本届会议讨论的引导。对工作报告进行评议是与会代表应尽的职责。

3. 代表发言稿。在有的会展进行中，还要求代表发言，这是会议文件中数量最多和最重要的部分，而且与会代表发言最受组织者重视。会上仔细聆听他们的发言，会下将发言稿细加研究，就可从中了解与会者关心的焦点、人心的向背和事态的发展方向。发言稿应去粗取精，抓住关键，有见解、有新意、有份量。

> 提示：
> 会前文件包括：会议邀请书、与会须知、议程草案、议题注释、背景材料、会议日程、与会者名单、证件、请帖和表格。

4. 决议草案及其修正案。有些会议最后会形成决议，表达在一些事项上与会者的共同认识与要求。这些决议先以草案的形式出现，各方继以修正案加以补充修改。这些草案及修正案均应书面提出，以使与会者能从内容到文字细加研究。决议具有重要的影响力和一定的约束力，因此，一字一句都往往要经过反复的讨论和斟酌才能确定。

5. 报告书、宣言及主席声明。这三种形式虽有不同，但都是会议成果的反映和记载，有的还可能具有历史文献意义。

"报告书"是对会议进程客观的综合性反映；"宣言"代表与会者对重大问题的共同意志，往往较"决议"的层次更高，影响力更大；"主席声明"多用于表达某些不能达成一致但为多数与会者所赞同的意见。

（三）会后文件

会后文件包括会议记录、对会议有贡献人员的致谢信及关于后续行动的往返信件等。

二、会议发言稿

发言的代表所用文稿为发言稿。发言稿是事先写好、经过仔细推敲和斟酌的文字稿，有时也称"有准备的发言"。重要和正式的发言通常都用发言稿，以保证准确性。许多会议还把重要的发言稿广为散发，以扩大影响。发言稿也常常是新闻媒介报道时的重要依据和参考。发言稿具有特别的严肃性、代表性、准确性和可回溯性。

（一）会议发言稿种类

1. 一般性发言的发言稿。是与会代表在大会上说明基本立场和观点的发言稿。它多半是对形势的分析、对会议主题的评述、对讨论问题的认识，以及介绍情况、贡献、经验等。一般性发言的发言稿是会议上最重要的讲话稿。这种讲话稿讲究气势、逻辑性和说服力，因而实际上就是讲演稿。

2. 关于具体议题的发言稿。这种发言是代表们就某个议程项目进行评说的发言，较多反映务实精神。其内容包括评论会议文件、提出具体主张、介绍做法、宣布行动纲领和承担义务等。由于此种发言往往涉及实质性问题，因此在拟定发言稿时应较慎重，在措词上力避使人产生误解，而要注意突出希望会议重视的内容。在同一个会议上，不同的议题可能由不同的单位拟稿，发言稿的风格、体裁可不强求一致，但对同一问题的政策主张和提法应统一口径。

3. 关于决议草案的发言稿。在会议上提出决议草案，应由提案代表作解释性说明。发言稿一般均简明扼要，旨在争取会议给予支持。如提案方有多个，往往由最初的倡议国代表作介绍性发言。在讨论中，各位代表表明赞成、反对或保留，并申述理由，也可能提出修正案，对草案的部分内容作文字上的修改，甚至提出针锋相对的反决议。提出修正案时，不能仅作原则性的声明。特别是重要的修正案，应提出具体措辞，交秘书处印发各与会代表考虑。

4. 礼仪式的发言稿。这类发言虽无实质内容，但却是必不可少的。例如，支持某人的提名、祝贺主席的当选、自己当选后表示感谢、闭幕时感谢东道主等,均属此类。礼尚往来是人之常情,对创造和谐的气氛和体现友好感情有一定的促进作用。此类发言稿应表现热情、诚恳和尽可能具体,避免给人"例行公事"的印象。

(二) 如何写发言稿

发言稿一般要随发言人身份的高低、会议重要性的大小及会议性质的正式与否而有所差异。发言稿不但要表明自己的立场,努力说服别人,更重要的是,还要争取达成共识。因此,发言稿要体现严肃性和务实性,要表现出发言者深思熟虑和十分郑重的态度。

> 对会议的发言稿,应提出以下要求:
>
> 1. 紧扣主题。即是说发言稿的中心内容要紧紧环绕会议的主题和讨论中的议题。在有准备的发言中切忌"下笔千言,离题万里"。要尽量开门见山,切中要害。
>
> 2. 观点清楚。有时为了某种需要,发言要故意含糊其词,让有关方面去揣测。但在多数情况下,会议是公开的讨论,要表现出最大的诚意,对某一问题究竟是赞成、反对还是保留,观点要明确。
>
> 3. 材料准确。在发言稿中经常要引用一些材料来证明自己的观点。这些材料使用前要反复核对,防止差错,尽量使用官方公布的资料。引经据典时,要把出处弄清楚,最好是查对原文,防止以讹传讹。观点虽正确,但材料有误,就会使发言稿大为失色。
>
> 4. 言简意赅。言简是指文字表达要精炼,意赅才是核心。要做到言简意赅,首先要思路清楚,层次分明。长话短说,不以词害意也属必要。除论据充足,事实确凿外、发言稿写后还应从文字上反复修改,去掉繁言蔓词。有的会议限定大会发言时间,为在较短时间内把问题讲清楚,尤其要注意言简意赅。
>
> 5. 尽量口语化。会议发言稿不同于文章,是要宣讲给与会者的。因此,不能过分使用书面语言。语句要简短而有力,通俗易懂,朗朗上口,使听众容易理解并接受。

写会议讲话稿首先要构思。构思是指思考运用什么论据,从哪些角度,分多少问题来构筑讲话稿的骨架。政府的方针政策、上级领导的指示和集体研究的结论是构思的主线。会议文件、与会代表的发言和会下活动得到的信息是思考的线索,平时多方积累的材料和通过实践形成的观点,则是填补骨架的肌肉和筋络。关键是:如何在主线的指引下和思考线索的启示下,发挥写作者的主观能动性,把肌肉和筋络有机地填补在骨骼上,形成完美的肌体。构思是第一步,是搭架和布局的工作。构思做好了,成文、修改、定稿便会相对顺利。

会议的发言稿大体上有三种写法:一种可称之连篇式;另一种为列点式;第三种是介乎两者之间的混合式。它们主要适用于中、长篇的正式发言稿。

1. 连篇式。由若干意思连贯、前后衔接、环绕一个主题展开的部分组成。写法上高屋建瓴、一气呵成。这种写法往往要求具有较高的逻辑性和较强的说理性。

2. 列点式。全文是围绕一个中心题目而写,但各个组成部分既有一定联系,又各个独立,自成门庭。

若以"家庭"为题,可拟写如下列点式的发言稿的提纲:
(1) 国际社会应对家庭的重要性给予充分重视;
(2) 贯彻有关国际会议决议时,应考虑到不同区域和国家的特点和实际情况;
(3) 应给予农村贫困家庭以特殊的关注和服务;
(4) 从法律上保障各家庭成员的平等权利和确定各自应尽的义务;
(5) 提高广大公众对家庭重要性、功能与问题的认识;
(6) 搞好精神文明建设,以有助于家庭生活的稳定。
这几点大致上就把我国在家庭问题上的立场和主张说清楚了。

3. 混合式。以上两种写法比较适合主题单一的发言稿。许多时候,发言代表要阐述对当前突出问题的看法或回答外界的有关议论或疑问。这些问题不一定同讨论的主题有直接联系,但时机与场合又十分重要,必须利用,因此讲话稿有时就需纳入其他有关内容。这种讲稿多用混合式,即以列点式分述各题,各题又以连篇式加以阐述。

三、会议总结稿

(一) 会议总结的编写要求

总结和计划一样是应用极为广泛的实用文体。总结是在一项活动、一项任务告一段落或全部完成之后,回顾过程,肯定成绩,找出不足,总结经验教训的文字材料。会议总结是对会议活动的准备、召开情况进行会后反思及整理的会议文件。

会议通过总结可以肯定成绩,发现问题,吸取教训,明确方向,为以后的会议取得成功提供依据。

会议召开之后应该详细地进行总结。写总结应注意以下几点:(1) 要目的明确。写总结是为了总结经验、发现问题。因此要有认真的态度,不能为了应付交差而写,也不能为了表功而写。(2) 要实事求是地写总结才有实际意义。(3) 总结既要有理论的高度,又要有典型的事例。观点从事实中提炼出来,而实事又能充分地说明观点。力求摸索出一套对别人和自己都有用途的规律性的经验。

(二) 会议总结的结构

会议总结从内容涉及面的大小来分,一般分为综合总结和专题总结,前者着重于面,后者着重于点,但格式和写法基本相同。总结一般分为三部分即标题、正文、落款。

标题,就是总结的名称,放在最前面,要具体点明总结什么,如"××××会议总结","第三届××展会总结"等,让人一目了然。

双层式标题,由正副标题组成,正标题概括总结文章的中心内容或基本观点,副标题标明会议名称,总结内容,时间和文种。如《只有出口通畅才有进口顺畅——××产品推广会的体会》。

正文,就是总结的核心部分,其内容一般有四项:

1. 前言,即交代基本情况,概述基本内容,引出下文。

2. 主体,这是总结的核心部分。包括会议取得的成绩、经验和体会、存在问题和教训;成绩要写具体,经验和体会要求条理化。总结的好坏主要看这部分内容。

3. 结束语,也称结语或后语,包括总括全文,点明要点、明确方向、提出目标和今后的努力方向。

4. 落款,包括署名和日期,写在结束语的右下方,这是最后部分。会议总结如果还要上交上级领导机关的,应署上会议组织机构名字,集体总结写集体的名称,日期写总结的日期。

四、新闻稿

新闻稿,当然"新闻"两字最重要。新闻是及时传播新鲜、真实、重要的事实信息。写好一篇新闻稿,就必须尊重新闻写作的基本规律。具体表现在文字上,至少 5W1H（Who、When、Where、What、Why、How 即：人物、时间、地点、事件原因、经过和结果),或者说事情的来龙去脉要交代清楚。如果做不到这些,哪怕文字写得再生动,也只能是一篇失败的新闻稿。因为你想要表达的信息,并未"有效"地传递给受众。除了有效性外,新闻稿还要具有准确性。做不到准确表述,有效性自然无从谈起。

> 提示:
> 准确、有效和及时,这三点是一篇新闻稿质量高下最低的要求。

（一）新闻稿的类别

以新闻报道最为常见,新闻稿大都以消息的新鲜和快速为主要特色,不讲求深入,突出时效性。

1. 事实报道。以报道事实为主,不发表评论,讲求客观。事实报道又分为直述新闻和特写新闻。直述新闻是新闻报道的主流,也是最基本、最重要的新闻形式,90%的新闻属此类。直述新闻通常来自记者的第一手采访、通讯社发出的新闻稿等,内容客观、正规,多属硬性新闻。特写新闻,以客观报道事实为主,不加评论和意见,但比直述新闻更具人情味和趣味性,所写的内容不如直述新闻广泛,但题材深入。

2. 新闻评论(意见)。作者对某项新闻事件提出意见和评论、个人的看法和分析,着眼点不在报道客观的事实。社论、短评、时事分析、时事论坛均属此类。

3. 解释和配合新闻内容的新闻稿。是新闻的辅助体,用以解释和配合直述新闻和特写新闻,如图片说明、新闻标题、图表等。若新闻收集了太多内容或新闻的背景繁杂,便可在主体新闻以外撰写相关的资料作为辅助和补充。这类新闻稿的写作语言要求用语准确、文句清晰、庄重得体、避免价值判断、善用数字资料和动词等。

（二）新闻稿的基本内容

1. 标题。文章的题目和精粹,应用简洁、扼要且能吸引读者的文句来概括新闻重点和主体,文句最好避免词汇重复。阅读断句不产生歧义,避免感情色彩、价值判断、夸张渲染等用词;熟悉的名字可用缩写代替以减少字数。

2. 导语。新闻稿首段,新闻事件的浓缩版,应以扼要和简洁的笔触,叙述新闻的要点和事件轮廓。为整个报道定下基础,一览而知性质和内容。

3. 新闻躯干。正文,解释和深化导语,就导语中提及的内容,进一步解释和叙述事件的细节,使读者深入了解,补充导语未提及的资料,有时也补充一些与事件有关的背景说明。

4. 其他补充。图片，内容需要有信息，可令读者留下深刻印象，对新闻稿件有补充及说明的意义；图表，可帮助理解资料性的内容，也容易看到重要的需突出的部分；插图，多用于杂志文稿中，大部分为编辑自己制作，使文章更加生动。

（三）新闻稿的叙事结构形式

1. "倒金字塔式"。按内容的重要性来安排段落的次序。

2. "先重后轻"。最重要、最有新闻价值、最吸引读者的内容在最前，越后面的段落越不重要。

3. 时效性不太强的文章，也可采用"正金字塔式"。"正金字塔"，在导语（新闻重点）后可按照时间先后顺序讲述事件的经过。

（四）新闻稿的写作要求

1. 叙述要讲究技巧。可概括为：概括事实、精选事例、再现场景、对比烘托。

2. 主题要鲜明集中。新闻要用事实说话，一条新闻通常报道一件事实，说明一个问题。

3. 语言要准确通俗。新闻报导以真实为要求，并且要通俗易懂，便于对象接受，传播信息。

阅读材料

一、新闻发布会发言稿

2007 国际制造业（手机）配套采购洽谈会新闻发布会发言稿

大家好！非常高兴今天能坐在这里参加这个 2007 国际制造业（手机）配套采购洽谈会的新闻发布会。我也是本次组委会的成员，下面我将代表本次展会的组委会向大家简要介绍一下这个展会。

近几年来，中国的移动通信产业发展可谓是突飞猛进。如何加强配套企业和整机企业的沟通，促进彼此的了解，提高手机厂商的本土配套率，是行业协会和企业共同的愿望。××市外经贸委、××市经委、××市信息化办和××开发区管委会在深刻了解到以上事实后，决定联合主办国际制造业（手机）配套采购洽谈会。

2003 年 7 月份，我们举办了首届手机配套会，首届展会动员了或者说是成功招展了中国 38 家整机厂的一半到这个会议上来寻找零部件供应商。我们也成功地动员了国内外大批的手机零部件生产厂家到会和采购商洽谈合作事宜。在第一届展会成功的鼓舞下，我们定于今年的 5 月 15 号到 17 号在××开发区举办第二届展会。

接下来我向大家介绍一下这次展会在招展、论坛和网站等方面的筹备情况。

（一）采购商参展情况

这次展会，我们重点对全国的 38 家定点手机整机厂进行了邀请，目前已有包括摩托罗拉及全球采购中心、诺基亚、三星、西门子、TCL、波导、索爱、康佳、南方高科、桑菲在内的33家整机厂确定参展参会。所以说，38家定点手机整机厂我们邀请到了33家，也就是说我们已经邀请到了中国近87%的整机厂商。而且，根据信息产业部的统计数据，2003年手机产量排名前十名的整机厂商都已经报名参加了本次展会。另外，还有包括LG电子上海IPO、华宇集团、鹏思特、中电奥盛在内的9家OEM、ODM、IPO等厂商也报名参加本次展会，这42家采购商共确定展位91个。

（二）供应商参展情况

组委会会同中国电子商会、中国台湾电机电子工业同业公会等7家海内外权威机构合作招展，在这些单位的协助下，供应商的招展工作很顺利。这次有来自中国大陆、台湾地区、日本、韩国等的各地厂商，其中有很多是业界知名的企业，如飞利浦、3M中国有限公司、台湾晶技股份有限公司、大传企业、品佳公司、横店集团东磁有限公司、韩国Luxpia有限公司、飞毛腿福建电子有限公司、惠州Tcl金能电池、天津力神电池等。根据我们的统计情况，本次大会共有287家供应商确定了展位，展位数一共是409个。这些企业当中，广东地区企业70家，上海、江苏地区企业45家，天津市企业30家，台湾28家，韩国9家，日本3家，其余企业来自国内其他12个省、市。

另外，台湾电子时报、台湾模具协会、三星电子、陕西电子商会、飞利浦集团、加腾精密等组织机构将组团参加本次展会。

（三）论坛

去年，我们在展会同期举办的论坛得到了业界的欢迎和好评。所以，今年我们联合专业机构准备继续举办三场论坛，分别是："手机产业高峰论坛"、"2004手机关键技术及趋势研讨会"、"手机制造业采购配套信息发布会"。这三个论坛将分别在宏观趋势、微观技术和业务信息三个方面进行探讨。届时，在高峰论坛上，信息产业部主管领导将到会致词，并有摩托罗拉、沃达丰、美国半导体等国际巨头厂商主管在现场进行手机产业技术和应用最新趋势的分析；飞利浦、意法半导体、德州仪器等业内技术领先企业会在研讨会上进行各项手机关键技术分析；手机制造业采购配套信息发布会上，摩托罗拉、索尼爱立信和深圳桑菲将发布采购信息，另外，还有，飞利浦和德国莱茵公司将进行精彩的演讲。

（四）国际手机采购网

下面给大家介绍一下本次大会的组委会搭建的一个国际手机采购平台，这个平台与网下展会相互依托、相互结合，共同为手机产业的企业服务。网上平台的中文名称是国际手机采购网，英文域名为 www.eglobalpurchase.com，这个平台为手机配套行业的上下游企业提供了一个很好的交流平台。商务部对这个网上平台给予了大力的支持，这个平台已经与商务部官方网站进行了链接，同时，商务部也已经将这个平台作为商务部电子商务应用试点进行推广。从去年展会召开到现在，在不到一年的时间里，此电子平台取得了长足的发展，网站的会员从2003年636家上升到了今年的1600家，增长率达到100%以上，已有

89家认证采购企业发布703条采购信息,601家供应企业发布1241条产品信息。网站的点击量从6万人次飞速上升到190多万人次。目前,这个网站的日平均点击量达到1.9万人次,日最高点击量为22696人次,海外点击率近30%。另外,我们的网站已经网络了手机产业链的近6000家企业的资源,是目前国内最大的手机产业信息库,特别是该库中关键零部件和核心模组企业的资源非常丰富。网站博得国际手机整机企业广泛信赖,中国85%以上的手机整机厂在线动态发布采购清单,共享零部件配套资源,此平台在业界已成为极具权威性的专业网络媒介。本次展会我们的电子平台和移动运营商合作,运用移动通信技术服务于本次移动通信产业的盛会,推出短信免费查询企业、展位号功能,另外,还有短信邮差和论坛电子门票功能,这些技术极大地便利了广大的参展和参会企业。

我们认为本次展会是非常成功的,首先它是一个权威性的展会。整机厂是展会的第一源动力,而我们邀请到了我国38家定点手机生产厂商中的33家到会采购,2003年手机产量排名前十名的整机厂都确定参会。其次是国际性。从本次展会参展企业来看,本次展会不仅是一个全国性的展会,也具备国际性的特点。摩托罗拉全球采购中心、三星总部、Toshiba全球采购部主管都将到会采购。成功的取得来源于我们展会定位的准确,也来源于我们组织架构的权威性。组委会特别邀请海内外最具权威性和会员资格的组织作为我们的合作伙伴,我们和这些合作伙伴结成战略联盟关系,来一同打造手机配套会的长久品牌。这些组织分别是中国电子元件行业协会、中国电子商会、台湾区电机电子工业同业协会、台湾电子时报、香港工业总会、日本电子与信息产业协会(JEITA)、韩国电子产业振兴会(EIAK),在这次展会的筹备过程之中,还得到了信息产业部和商务部的大力支持。另外,还有十一家协办单位对这次展会的筹备工作给予了很多的帮助。这样的组织架构保证了大会的成功。

感谢各位,希望本次展会能给诸位带来有价值的信息。

(资料来源:www.laogu.com)

二、开幕辞

2007年国际制造业(手机)配套采购洽谈会
开 幕 辞

××市外经贸委主任 张××

各位领导、各位来宾、女士们、先生们:

大家上午好。

2007国际制造业(手机)配套采购洽谈会开幕式现在开始。

参加今天开幕式的领导及贵宾有:国家信息产业部副部长××先生,××市人大副主任××先生,××市副市长××先生;大会合作单位代表:中国电子元件行业协会理事长××先生,中国电子商会副会长兼秘书长××先生;大会协办单位代表:中国半导体行业协会理事长××先生；手机生产企业代表：摩托罗拉中国电子有限公司亚太区副总裁××先生，西门子移动通信集团全球采购部亚洲总裁××先生，北京首信诺基亚移动通信有限公司副总经理××先生；出席开幕式的还有各部委办、各协办单位、采购商与供应商的领导及代表。

我谨代表这次洽谈会的主办单位××市对外经济贸易委员会、××市经济委员会、××市人民政府信息化办公室、××经济技术开发区管理委员会向各位领导和嘉宾的到来表示热烈的欢迎。

"2007国际制造业（手机）配套采购洽谈会"是在成功举行2003年首届国际制造业（手机）配套采购洽谈会的基础上，根据我国手机行业迅速发展的要求，特别是入世后经济形势的变化并结合外商投资企业的需求而举办的大型配套采购洽谈会。

本次洽谈会设4个展馆，展览面积12000平方米，是2003年的4倍；设展位近500个，是2003年的3倍强；另外还设有400平方米的洽谈区供参会企业使用，是2003年的2倍；参展单位318家，涉及15个国家和地区，是2003年的2倍强；全国38家定点手机整机生产企业中已有33家参会，全国手机企业2003年产量排名中的前十家整机厂全部参会；电子配套采购平台——国际手机采购网的会员从2003年636家上升到了1600家，增长率超过130%，网站的点击量从6万人次飞速上升到190多万人次，此平台在业界已成为极具权威性的网络媒介。

本次洽谈会继承了2003年展会的成功思路；打造配套平台，降低物流成本，促进企业合作。延续了深受参会企业欢迎的供应商、采购商共设展位的模式。另外，从参会企业的需求出发，本次组委会推陈出新，成立专门小组对众多手机厂商关心的关键零部件和核心模组企业进行重点招展，同期举办的论坛为企业带来众多的增值效应。与2003年相比，国际国内众多手机厂商首次集体亮相，电子配套采购平台的构建，三个行业论坛的举行成为本届大会的亮点。

本次洽谈会自筹备以来得到了国家信息产业部、国家商务部和××市人民政府的鼎力支持，并得到了中国电子元件行业协会、中国电子商会、台湾区电机电子工业同业公会、台湾电子时报、香港工业总会、日本电子与信息产业协会、韩国电子产业振兴会的大力合作、中国半导体行业协会、中国电子元器件网、中华液晶资讯网、中国化学与物理电源行业协会、阿里巴巴（中国）网络技术有限公司、日本日经BP社事业局、日本贸易振兴机构、韩国中小企业振兴公团中国事务所、大韩贸易投资振兴公社北京代表处、香港贸易发展局、新电子杂志的通力协助，各兄弟单位也对我们的工作给予了积极的配合，我在此向大家致以诚挚的谢意。

现在请国家信息产业部副部长××先生、××市人大副主任××先生、××市副市长××先生、中国电子元件行业协会理事长××先生、中国电子商会副会长兼秘书长××先生、中国半导体行业协会理事长××先生、摩托罗拉中国电子有限公司亚太区副总裁××先生、西门子移动通信集团全球采购部亚洲总裁××先生、北京首信诺基亚移动通信有限公司副总经理××先生为洽谈会剪彩！

开幕式到此结束，请来宾参观洽谈会现场。

三、会议新闻稿

2005年中国国际商业智能大会新闻稿

"2005（第二届）中国国际商业智能大会"简称（CIBIC-05）组委会于2004年12月9日下午在信息产业部举办了新闻发布会。由中国信息化推进联盟主办，北京优点展览展示有限公司承办的"2005（第二届）中国国际商业智能大会"将于2005年5月23—26日在北京隆重举行。此次大会得到中国国际贸易促进委员会电子信息行业分会、国务院信息化工作办公室网络与信息安全组、信息产业部中国软件评测中心、中国计算机学会、中国人民解放军信息安全产品测评认证中心、数据挖掘讨论组、Storage Networking Industry Association（SNIA）等有关政府与海内外专业机构的大力支持，同时引入天腾际、Maxtec、Binet等的海内外会展专业企业的合作，也得到了业界和媒体的高度重视。在发布会上，信息产业部电子信息中心副主任、中国信息化推进联盟秘书长刘献军，信息产业部中国软件评测中心常务副主任刘明亮、国家计算机网络信息安全管理中心处长刘春阳博士等领导、专家到会致词，表示各部门将给予大会鼎力支持，并预祝2005（第二届）中国国际商业智能大会圆满成功。作为企业代表，IBM、宏信软件有限责任公司、北京天融信网络安全技术有限公司等众多国内外企业也参加了此次新闻发布会，纷纷表达对商业智能大会的重视和积极参与的热情。同时，业内权威平面媒体、网站媒体如：《中国计算机报》、《计算机世界》、《互联网周刊》、《电子商务世界》、《数码世界》、《通信世界》、《IT商业周刊》、《电脑时空》、硅谷动力、数据仓库之路、中国电子政务信息网、中国商业智能网等都前往参加本次新闻发布会，现场气氛非常热烈。

新一届大会不仅传承了"CIBIC-04"的精神和优秀成果，让更多的行业和企业了解商业智能的作用，从中受益，同时还将针对近两年的市场特征和发展趋势以及市场对企业竞争力新的要求而扩大议题范围。本次大会将以BI解决方案、商业信息安全、商业信息存储技术作为重点研讨和展示内容，增加和扩大了会议场次与展示范围。

大会特色：(1) 最具权威。将是亚太地区学术水准最高，应用性最强，规模最大的商业智能展会。(2) 规模盛大。设展位将超过200个，展出面积3000余平方米，将吸引来自国内外行业代表和观众超过万人次参加。(3) 专家莅临。特别邀请海内外权威的商业智能领域专家、学者莅临现场，与业内人士面对面交流探讨。(4) 专业媒体。将与海内外该领域最具专业性媒体机构合作，全方位宣传本次大会。(5) 意义深远。将是真正意义上的商业智能最新管理思路与最新应用技术的交流大会。

勿庸置疑，2005（第二届）中国国际商业智能大会将在规模、内容、作用、影响力等各方面超越往届，汲取精华，帮助企业掌握提升综合竞争力的关键。我们相信本次大会将是亚太地区学术水准最高，应用性最强，规模最大的商业智能大会。也将是真正意义上的商业智能最新管理思路与最新应用技术的交流大会。预知有关会议的详尽信息请浏览：http:www.×××.com.cn，参加申请，请拨打组委会热线电话:010-××××××××

"CIBIC-05"组委会

（资料来源：数据仓库之路）

四、××论坛会议议程

第二届亚太××论坛会议议程

论坛科学委员会经过精心安排了九个大会报告及与此相对应的专题报告和自由交流,以期反映国内外×××各领域的最新研究进展。为保证会议的学术水平,我们特别邀请了众多国际著名的专家出席会议并作精彩报告。

此初步议程可由组委会根据会议需要做进一步调整,在此,我们仅列出了报告的大致内容。科学委员会将征求特邀报告人的意见,并根据投递到会议的论文,进一步安排与会代表的报告,并在网站上及时发布通知。

10月26日		
10:00—20:00	注册报到及"××规范化"培训班	
10月27日		
8:30—9:30	开幕式	
9:30—10:00	大会报告1.××××健康:全球及地区展望	
10:00—10:15	茶歇	
10:15—11:45	大会报告2.后基因组时代的×××	
11:45—13:00	午餐	
13:00—14:30	大会报告3.××××:现状及新途径	大会报告4.××××技术
14:30—15:30	专题报告1:××××	专题报告2:××××
15:30—15:45	茶歇/板报	茶歇/板报
15:45—16:30	自由交流1	自由交流2
16:30—17:30	卫星会议1.×××××××	卫星会议2.×××××××
18:00—21:00	欢迎晚宴	
10月28日		
8:00—9:30	大会报告5.×××××××	大会报告6.×××××××
9:30—10:30	专题报告3.×××××××	专题报告4.×××××××
10:30—10:45	茶歇/板报	茶歇/板报
10:45—12:00	自由交流3	自由交流4
12:00—13:00	卫星会议3.×××××分析标准化	卫星会议4.×××××××
13:15—14:15	大会报告7.×××××××	大会报告8.×××××××
14:15—15:45	专题报告5.×××××××	专题报告6.×××××××

续表

15：45—16：00	茶歇/板报		茶歇/板报
16：00—17：00	自由交流5		自由交流6
17：00—18：00	卫星会议5.×××××××		亚洲×××××××会执委会
18：00—21：00	主席邀请晚宴		
10月29日			
8：00—9：30	大会报告9.×××××××		
9：30—10：00	茶歇/板报		
9：30—10：30	圆桌会议：科学家与公众及媒体的对话		
10：30—11：00	闭幕式		
11：00—12：00	亚洲××杂志编委会议		
12：00—13：00	午餐		
13：00—17：00	中文专场：中国××的发展（朱××，张××）		
10月30日			
自由活动/旅游（自费）			

模块二　展会文件

一、展会通讯

展会通讯是办展机构根据展会的实际需要编写的、用来反映展会的动态和主要成果的，具有汇报、交流、宣传、指导作用的内部性简要报道，也常常称为"展会信息"。展会通讯不是法定的公文，但由展会管理机构或主办单位编发，具有公务文书的性质。展会通讯写作要求简明扼要、材料真实、内容新鲜、反映灵敏。

展会通讯通常是一本小册子或一份小报。如由上海展报传媒有限公司承办的《展报》、《工博会通讯》等就是常见展会通讯中的一种。展会通讯印制好之后，可通过直邮等方式寄给目标受众，也可以在展会现场作为宣传用品免费发送。一般来说，在展会的网站上都可以看到展会通讯的电子版内容。

展会通讯可起到及时向目标客户传达信息，促进展会招展、招商以及树立办展机构良好形象等的作用。

展会通讯的主要内容有以下五个方面：

1. 展会的简报。包括展会名称、举办时间、地点、办展机构、展会的 logo、本展会的特点及优势等。

2．招展通报。可通报所有参展企业名录，对行业知名企业还可以重点报道。

3．招商通报。

4．展会期间相关活动通报。如专业研讨会、信息发布会等。

5．参展（参观）回执表。回执表目的在与方便客户及时反馈其参展（参观）的有关信息。

为了能使目标客户产生兴趣，展会通讯要做得美观大方，具有知识性、趣味性、时尚性。对于重点客户，除直邮展会通讯外，还要电话回访，以引起重视。

二、展会合同

展会合同属经济合同，是平等主体的自然人、法人以及其他组织之间为实现一定的经济目的，明确相互权利义务关系而订立的一种法律文书。

（一）会展合同的种类

1．会展租赁合同。

2．会展运输合同。

3．会展仓储合同。

4．会展能源供应合同。

5．会展买卖合同。

（二）合同的格式和写法

合同的格式一般由标题、当事人名称、正文和落款几部分组成。

1．标题。由合同的内容或性质加文种组成，标题写在首行正中间，字迹要醒目，表达要具体明确。如果是经常签订合同，为了便于登记和统计，应在标题右下方写明合同编号。

2．当事人名称位于标题之下，分行并列写签订合同当事人名称，合同签约各方的名称应写全称，为方便表达可以在各方前面或后面注明"甲方"、"乙方"或"供方"、"需方"。

3．正文。正文是合同的主体内容，通常包括缘由、主体和附则三个方面构成。

（1）缘由是正文的开头，通常需要写明双方签订合同的依据或目的，常见的写法是："为了……经双方协商，签订本合同，以资共同恪守"等。根据不同的内容要求，可以在写法上灵活运用。

（2）主体及合同的具体内容和条款。按照《经济合同法》的要求，合同应具备以下条款：

①标的。标的是合同当事人双方共同制定的对象，是合同的中心内容，即合同要达到的共同目的。不同性质的经济合同其标的各不相同，可以是实物或者货币，也可以是行为，在签订合同时一定要注明清楚。对产品来说，除产品名称外，还应标明规格、型号。如果是涉外商品贸易时还要注明产品的出产国和制造商。

②数量。指标的的计量标准,是以数字和计量单位来衡量标的的尺度,数量应具体、精确。

③质量。是标的在质的方面的规定,是标的内在素质和外形优劣的综合体现。它要求准确写明标的的内在素质和外部形态的优劣等级,还要标出名称、品种、型号、规格等项目。质量标准应注明国家、部颁、省级标准字样,当事人也可以自行约定标的质量标准。

④价款或酬金。这是指当事人获取以物或者货币为标的合同时所应支付的货币,在合同中要写明计算标准、结算方式、支付方式和时间。

⑤履行期限、地点和方式。

⑥违约责任。是指因当事人过错不履行或不完全履行合同的义务而应承担的民事责任。包括支付违约金和赔偿金,承担因违约而造成合同履行增加的费用等形式。

⑦解决争议的办法。是指合同当事人事先约定的,在履行合同中如双方发生合同纠纷时解决的办法。常用的有协商、仲裁、法律诉讼等形式。

4. 落款。这部分包括署名、日期和附项。在合同最后署上双方当事人单位名称、法定代表人的签字,并加盖公章或合同专用章。

展销会必须经过主管部门批准,任何社会团体、组织无权审批展销会。为保证展销会的合法性,要完备展销会登记手续,参会者必须具备法人资格的有效证件。展销会应设置法律咨询处、合同公证处,加强对签约双方的法律约束,杜绝签订合同的随意性。

阅读材料

一、××展会通讯

2009 慕尼黑上海电子展展会通讯第三期

尊敬的读者:您好!

感谢收阅本期慕尼黑全球系列电子展(Global Electronics)电子新闻稿。我们将为您提供最新的国内外电子元件及设备行业的新闻动态、发展趋势以及慕尼黑全球系列电子展的最新信息。感谢您的关注!

新时间、新地点——2008 年印度电子元件展 electronic India

"印度国际电子元器件及设备博览(electronic India)"是著名的德国慕尼黑电子元件展 electronica 在印度地区的分支展会,2000 年起首次举办。经过 7 年的发展,electronic India 展已经成为印度地区首屈一指的电子行业专业展。为使展览会有更好的发展空间,2008 年起,electronic India 展将从新德里移师印度的电子中心——班加罗尔举行,时间也由原来的 2 月份改为 9 月份。

提升移动设备效能的 LED 驱动器系列产品

Leadis Technology 公司最近发布了 LDS8866、LDS8865 及 LDS8864 样品。此电荷泵型 LED 驱动器新产品系列基于该公司专利技术 Power Lite 电流调节器，其能效提高率高达 95%，从而显著延长电池工作时间。

欧洲环境与可持续发展顾问委员会（EEAC）发布《效能声明》

欧洲环境与可持续发展顾问委员会（EEAC）近日发布《效能声明》（Statement on Energy Efficiency）。该文件对制定具有竞争力、安全而环保的欧洲能源政策（European Energy Policy）具有重要意义。

世界首个智能卡应用内置闪存 90 纳米（nm）安全微控制器

STMicroelectronics 近日发布了一款基于内置闪存的新型安全微控制器（MCU），该产品是世界上第一个采用 90nm 制造技术的同类型微控制器。ST21F384 是 ST 公司 ST21 智能卡平台（针对 2.5G 和 3G 移动通讯应用优化）下的第一款安全微控制器，它使用闪存代替掩模型 ROM（Mask ROM）作为程序存储器，具有更强的灵活性，且可缩短产品制造前置时间，而其 90nm 生产技术则可进一步提高产品性价比。

电子稳定控制系统提升卡车及客车安全性

最近的日内瓦联合国会议达成了一项关于要求新车安装电子稳定控制系统（ESC）的协议，欧洲登记卡车及旅游客车的安全性将因此得到显著提升。电子稳定控制系统有助于司机在紧急情况下保持对车辆的控制，从而有效避免事故发生。据估计，为这些车辆安装电子稳定控制系统，欧盟每年至少将能减少因交通事故而造成的 500 起死亡和 2000 起严重伤害。

飞兆半导体推出高电流高边栅极驱动器 FAN7371

飞兆半导体公司（Fairchild）推出的新的高电压栅极驱动 IC（HVIC）产品 FAN7371，具有 4A 电流驱动能力，可在消费电子和工业应用中实现出色的系统可靠性，并节省电路板空间。

触觉显示新技术让盲人能够"看到"图像

最近，联合发明驻极体麦克风的电子工程师们再度携手，以开发全球第一个用于盲人的图形触觉显示器。James West 是一位获得美国最高荣誉——国家科技奖章——的电气工程师，他的研究工作是利用驻极体的充电高分子膜，把运动转换为电信号。

英飞凌与清华大学合作开拓中国地面数字电视市场

近期，英飞凌科技公司与清华大学数字电视研发中心开展了一个合作项目，其内容是采用英飞凌的 RF 调谐器和清华的 DTMB 解调器，构成一个地面数字电视终端接受系统，以验证英飞凌的 RF 调谐器与中国 DTMB 标准及其解调器等的适应情况，并将系统测试的各参数与另外的参考设计进行了对比。

支持最高密度及高速传输的电子设备连接器系统

ZipLine 是 FCI 公司针对客户关于增强信号密集度的要求而研发的新型连接器系统。ZipLine 连接器适于背板及正交型应用，最高传输速度达 12.5Gb/S，可实现每线性英寸 101 对信号线（1.5mm 列间距）的密集度，是目前密集度最高的带压接端连接器产品。

前瞻值生成调试

TextTransformer 1.4 系统采用了前瞻值分析（look-ahead analysis）优化文本可视化分

析。TextTransformer是用于文本分析、自动评估及重构的开发环境工具。所谓前瞻值分析是指，借助当前文本的随后文本信息对当前文本进行排歧分析（在多个可能解释中作出选定）。例如，某个签名可帮助确认其之前的某个字母；或者，某个分号的出现可帮助确认其之前的某个编程语言代码。现在，系统不仅能进行当前位置信息调试，而且也能实现前瞻值调试。

（资料来源：http://www.ep-c.cn/）

二、展会合同

2008中国国际特殊钢工业展览会《参展合同》

（一）定义

1. 为了保证"中国国际特殊钢工业展览会"各项工作的正常、有序进行，并维护双方的共同利益和声誉，甲乙双方本着自愿平等、互惠互利的原则，订立本合同，以期共同遵守。

2. 本合同中"展览会"是指于　年　月　日至　年　月　日在上海国际会展中心举办的首届"中国国际特殊钢工业展览会"。

3. 大连都市会议展览中心是首届"中国国际特殊钢工业展览会"的承办单位（以下称甲方）。本合同中"参展商"是指在此次展览会中分配有展位的任何公司、承包商和代理人（以下称乙方）。

（二）参展申请

1. 参展商接受《参展合同》1《条款》全部内容。

2. 参展商须用正楷填写《参展合同》2《申请表》全部内容。

3. 《参展合同》1、2须加盖公司和负责人印章。

4. 《参展合同》1、2是参展合同的组成部分。

5. 当主办单位或其授权的代理机构与参展商签署《参展合同》及指定银行账户收到参展商的展位费后，本申请程序方告结束。

6. 主办单位保留拒绝任何申请的权利。

（三）付款方式与参展确认

1. 乙方签署参展合同后3个工作日内支付展位费用的50%作为订金，即可从甲方获得《参展确认函》。

2. 另50%余额须在　年　月　日前支付，逾期未付清余额，乙方的展位将不被保留。

3. 乙方参展费用全额付清后，即可从甲方获得确认乙方参展的《展会报到书》。

（四）甲方的权利与义务

1. 展位的分配：甲方将综合展会各种因素分配展位。在特殊情况下，甲方保留改变展位分配、移动展览设施、关闭展馆的出入口、调整展位专业区划的权利，乙方无权提出异议。

2. 知识产权保护：甲方根据国家法律保护参展企业和知识产权人的合法权益。展览会期间一旦出现知识产权纠纷，甲方将依据中国国际特殊钢工业展览会《涉嫌侵犯知识产权的投诉及处理办法》，支持投诉方的维权行为。

3. 安全：甲方将根据展览会各方面的利益采取必要的、全面的安全预防措施。在存在安全隐患的情况下，甲方保留拒绝任何参观者进入展览会现场的权利。甲方对于展览会之前、展览会期间和之后展品或其他财产的丢失、损坏及个人伤害不承担任何责任。

4. 甲方向乙方提供展场保安、展台清洁、展览商名录及基本内容刊登、宣传及市场资讯、展会快讯等基本服务。

5. 补充条款：

(1) 甲方颁布的《参展商手册》为本合同的组成部分，请务必仔细阅读。

(2) 甲方保留制定并发布补充条款的权利，以保证展览会有序管理。所有补充条款将作为本参展合同的一部分，并对乙方有约束力。

（五）乙方的权利与义务

1. 知识产权承诺：乙方承诺保证所有参展展品、展品包装、宣传品、说明书、现场演示所使用的软硬件及展位的任何展示部位，均没有违反有关法律法规和侵犯他人权利的行为，包括所有知识产权。如有侵犯他人权利的行为而引起纠纷，同意接受展览会主办方的依法处罚，并赔偿当事各方由此而引致的一切费用与损失。

2. 展位的使用：

(1) 乙方只能展示申报的展品，并委派有能力的人员管理展位和展品。

(2) 未经甲方的书面同意，乙方不得将展位全部或部分转租或分派给他人。

(3) 乙方只能在其租用的展位边界内进行，并不得在展馆的公共区域表演或派发宣传品、纪念品。

(4) 未经甲方同意，乙方不得改变地面、天花板、展馆柱面或墙面，乙方对展厅墙面或其他部位的损坏要承担责任。

3. 展位的搭建与装饰：

(1) 乙方必须于指定的时间内进行展位搭建和布置，详见《参展商手册》。

(2) 由于乙方或其分包方的原因使其他参展商或公共财产受到损害，乙方须做出赔偿。

4. 展品运输：

(1) 乙方负责将展品运输至展览会举办地点并承担运输费用。

(2) 乙方负责安排展览会期间的展品仓储。

(3) 乙方应在甲方规定的时间内将所有展品撤出展厅，否则由此引起的损失和延误，乙方应向甲方做出赔偿。

5. 保险：乙方应确保已办理充分的保险，包括但不限于对人身财产、展品或任何种类物品投保综合险，即对其他服务人员办理第三者保险。

6. 责任和风险：在展览会期间为保证甲方和参加展览的各方不受到损失，所有因乙方原因造成的甲方及第三方利益受到的损害由乙方承担全部赔偿责任。

(六)展会管理

1. 禁止提前开放：本次展览会正式展出日期是　　年　　月　　日　　时，在此之前禁止观众入场，以任何形式带观众入场将被清除出馆。

2. 禁止提前撤展：本次展览会撤展日期是　　年　　月　　日　　时之后，在此之前任何参展商不得以任何理由将展品撤出展馆或展台无人值守。如有违反，即视为该参展商违约。

3. 噪音控制：展览会规定各展位的最大音量为85分贝，各展位应将声音控制在其展台范围之内，尽量不影响其周边展位，若有展位在展览会期间音量三次超过85分贝的最大限额甲方将有权切断该展位的电源，并不会对由此而造成的损失向乙方退还相关款项或承担其他的费用。

4. 安全防火规则：所有展台、展品、资料和附件都必须采取正常的防火措施，并符合防火规则和建筑条例。相关工作必须遵循防火要求，禁止在公共区域和展台内存放或使用易燃、易爆、剧毒物品和放射物以及压力容器等。参展商现场职务最高者即为安全防火负责人。

5. 法制与法规：乙方必须无条件遵守现有法律法规及规章制度，保证不损害他人利益，如有任何违反将有可能被取消参展资格，并追加责任。

(七)参展展品

1. 参展商必须保证其展品的真实性、合法性。

2. 若出现包括侵犯知识产权在内的法律纠纷，须由展览会相关执法管理部门解决。

3. 展览会严格禁止非本届展览会展品内容的产品和游商进入展馆，如有蒙混进馆展出者，一经发现将被取消参展资格，所收费用概不退还。

(八)《参展商名录》

1. 甲方享有独家出版和发行《参展商名录》的权利。

2.《参展商名录》是甲方提供给乙方的一项服务，乙方在报名参展时须认真填写《申请表》中的有关内容，甲方不对期间出现的任何错误、遗漏或格式改变等承担责任。

3. 若乙方填写的信息无法辨认，本合同中涉及公司的任何信息将不会出现在《参展商名录》上。

(九)退展规定

乙方因特殊原因提出退展，甲方可依据下列条件允许乙方退展：

1. 乙方必须书面向甲方提出退展申请，若甲方同意乙方退展，也要书面通知乙方。

2. 距展览会开幕90天之前乙方提出退展申请，如获甲方同意，将退回扣除乙方已付定金外的其余参展费用。

3. 距展览会开幕90天（含）之内乙方提出退展申请，无论是否获甲方同意，不退任何费用。

4. 这一退费时间标准将从甲方收到乙方信函或传真的书面申请之日起计算。除此之外，乙方还将负担甲方为其所支付的所有具体费用。

(十)合同终止

乙方如出现以下违规情况之一时，甲方有权单方面终止合同，乙方交纳的展位费不予退还，并须赔偿甲方因终止合同所带来的一切损失：

1．逾期未支付全额展位费；

2．未经甲方或甲方授权的代理机构的书面同意，转租或转让展位；

3．严重违反本合同、补充条款和《参展商手册》，妨碍展览会正常进行的行为。

（十一）不可抗力

1．如因战争、自然灾害、流行性疾病、罢工或其他不可抗力的原因，致使展览会被取消、暂停、缩短展期或日期地点的变更，从而给乙方带来损失，甲方将不承担任何法律责任。

2．如果由于发生不可抗力事件而阻止或妨碍甲方履行合同下的义务，甲方有权及时撤销或终止合同。但甲方应以书面形式通知乙方并加以详细说明。合同终止日期自书面通知日起生效。

3．如果展览会取消、缩短展期，在不影响已发生的费用的前提下，甲方可自行决定向乙方退还其已支付的部分费用。应退还的租金将在合同撤销或终止通知发出后60日内支付。该行为不影响甲方在合同撤销或终止前所享有的任何权利，包括合同或法律赋予的权利。

（十二）纠纷解决

本合同将依照中华人民共和国法律及法规进行解释，如发生纠纷，须在上海的仲裁机构或法院依法裁决。

本合同一式两份，甲、乙双方各执一份，自双方签字盖章之日生效。

甲方：	乙方：
地址：	地址：
电话：	电话：
传真：	传真：
法定代表人（签字）：	法定代表人（签字）：
合同签署日期：2008年　月　日	合同签署日期：2008年　月　日

（资料来源：www.supersteel.cn）

活 动 训 练

1．模拟展会业务，起草一份合同。

2．设计编写本校一个月内的校园通讯。

第四单元 会展小结

模块一 会展评估报告

一、会展评估概述

会展评估是对会展环境、会展工作和发展效果进行系统、深入的评价，是会展工作的组成部分，是经营和管理循环过程的一个终结工作，也是承上启下的环节，其主要作用是发现问题和解决问题。

会展评估报告有以下几种：

1. 展览工作评估。展览工作评估的内容比较广泛，包括筹备工作和展台工作两大类。

（1）**筹备工作评估**是对展览环境以及展览筹办工作的评估，属于展览后台工作评估，这一部分工作在展览会结束时完成。

（2）**展台工作评估**是对展览前台工作的评估，这一部分比较复杂，应在展览会结束时针对展台进行评估，然后在展览的后续工作过程中跟踪评估。其具体内容包括展出目标的评估、展台的评估、展台人员的评估、设计工作的评估、展品工作的评估、宣传工作的评估、管理工作的评估、开支的评估、展览记忆率的评估等。

2. 展览效果评估。其具体内容包括展台效果优异评估、成本效益评估、成交利润评估、成交评估、接待客户评估、调研评估、竞争评估、宣传与公关评估等。

二、会展评估报告内容

1. 展览面积。包括（1）展出净面积；（2）特殊装修展位面积。
2. 参展商。境外参展商展位面积与展出净面积的比值。
3. 观众。（1）展览期间专业观众人次与观众总人次的比值；（2）境外观众人次与观众人次的比值。
4. 展览的连续性。同一个专业性展览会连续举办不少于5次。

5. 参展商满意率。参展商满意率的评价按"参展商满意率调查表"的调查结果进行,其中总体评价结论为"很满意"和"满意"的数量总和。

6. 相关活动。专业性展览会期间组织和专业性展览会主题相关的活动。

三、会展评估标准制定

(一) 会展评估标准制定要求

1. 明确。首先,应当明确展出的宗旨;其次,应当明确实际的目标和评估的标准。目标明确有利于有效地投入力量,安排工作,进行评估。

2. 客观。有些展会组织者好高骛远或谨小慎微,制定出不合理或不客观的展出目标,评估标准也因此定得过高或过低。这都是脱离客观实际的主观意愿。

3. 量化。不少展览工作和成果是非定量的。但是,其中一些是可以具体量化为可衡量的标准的。比如,从吸引参观者注意到实际成交是一个过程,不好衡量。但是,将这一过程分解为一系列具体的环节,就可以具体化为可衡量评估标准,如表4-1所示。

表4-1　　　　　　　　　量化评估标准

路过,但是未走进展台,却观看了展示的参展者数量	
走进展台的参观者数量	
索取样品的参观者数量	
进行实质性贸易洽谈的参观者数量	
签订意向合同的参观者数量	
签订实际合同的数量	

4. 协调。展出者之间和展出者与组织者之间的目标应该协调,而不应该冲突;一个展出者可能有几个展出目标,这些目标也应该协调,而不应该矛盾。

5. 统一。选择评估标准时既要考虑长远,又要慎重,一旦选定评估标准系统,就不要轻易更改。坚持连续使用,以使评估标准更具有衡量价值,使评估结果更为准确。

(二) 评估报告的结构

1. 标题。写明评估项目的名称和"评估报告"。

2. 正文。展览评估报告的正文有两种形式:一种是文章式,即采用文字叙述为主,辅之以表格和数据的引证,内容较多时可列小标题加以叙述;另一种是以一系列统计数据为主,辅之以文字陈述。

评比结果的表述可以是一组最终结果的数据,也可以是采取数据对比的方式,即按所制定的评估标准排列评估内容,同时排列预定数(比如预算额、成交目标额等)和实际数(比如实际开支额、实际成交额等),有些情况下还排列出超额或超额比例。

3. 评估机构,可以是展会主办单位本身,也可以是专业评估公司。
4. 提交日期。

阅读材料

《专业性展览会等级的划分及评定》商业行业标准

国家经济贸易委员会公告　2002年第90号　自2003年3月1日起实施

标准编号:SB/T10358-2002

1. 范围

本标准规定了对专业性展览会等级划分和评定的原则、要求和方法。

本标准适用于在中国境内举办的以经济贸易活动为目的的专业性展览会的等级划分及评定。

2. 术语和定义

下列术语和定义适用于本标准。

2.1　专业性展览会(professional exhibition show, fair, exposition)

在固定或规定的地点、规定的日期和期限内,由主办者组织、若干参展商参与的通过展示促进产品、服务的推广和信息、技术交流的社会活动。

2.2　特殊装修展位(raw space with special decoration)

由参展商自行或委托专业机构专门设计并特别装修的展览位置及其所覆盖的面积。

2.3　展处净面积(exhibition net area)

专业性展览会用于展出的展位面积总和。以平方米表示。

2.4　特殊装修展位面积比(ratio of erea for special booth)

特殊装修展位面积总和与展出净面积的比值。以百分比表示。

2.5　参展商(exhibitor)

参加展览并租用展位的组织或个人。

2.6　境外参展商(overseas exhibitor)

以境外注册企业或境外品牌名义参加展览的参展商。

2.7　专业观众(professional visitor)

从事专业性展览会上所展示产品的设计、开发、生产、销售、服务的观众,以及用户观众。

注:这里所指的产品可以是有形的产品(如机械零件),也可以是无形的产品(如软件、服务等)。

2.8　等级(grade)

用于划分专业性展览会质量差异的级别设定。用英文大写字母A、B、C、D表示。

3. 等级的划分、依据和评定方式

3.1　专业性展览会的等级评定分为四个级别,由高到低依次为A级、B级、C级、D级。

3.2 等级的划分是以专业性展览会的主要构成要素为依据，包括展览面积、参展商、观众、展览的连续性、参展商满意率和相关活动等方面。

3.3 专业性展览会等级的具体评定标准，按照附录A执行。

3.4 专业性展览会等级是由专业机构依据统一的评定标准级方法评定产生，其评定结果表示专业性展览会当前的等级状况，有效期为3年。具体的评定方式按专业性展览会评定机构制定的评审程序和评定实施细则执行。

3.5 专业性展览会等级的评定采取自愿的原则，主办（承办）方按有关程序向评定机构提出申请，由评定机构予以评定。

4. 安全、卫生、环境和建筑的要求

专业性展览会举办场馆的建筑、附属设施和管理应符合现行的国家、行业和地方的消防、安全、卫生、环境保护等有关法规的标准。

5. 专业性展览会等级评定条件

5.1 A级

5.1.1 展览面积

5.1.1.1 展出净面积不少于5000平方米。

5.1.1.2 特殊装修展位面积比至少达到20%。

5.1.2 参展商

境外参展商展位面积与净面积的比值不少于60%。

5.1.3 观众

5.1.3.1 展览期间专业观众人次与观众总人次的比值不少于60%。

5.1.3.2 境外观众人次不少于观众总人次的5%。

5.1.4 展览的连续性

同一个专业性展览会连续举办不少于5次。

5.1.5 参展商满意率

参展商满意率的评价按"参展商满意率调查表"的调查结果进行，其中总体评价结论为"很满意"和"满意"的数量总和应不低于参展商总数的80%。

5.1.6 相关活动

专业性展览会期间组织与专业性展览会主题相关的活动。

5.2 B级

5.2.1 展览面积

5.2.1.1 展出净面积不少于3000平方米。

5.2.1.2 特殊装修展位面积比至少达到10%。

5.2.2 参展商

境外参展商展位面积与净面积的比值不少于10%。

5.2.3 观众

5.2.3.1 展览期间准也观众人次与观众总人次的比值不少于50%。

5.2.3.2 境外观众人次不少于观众总人次的2%。

5.2.4 展览的连续性

同一个专业性展览会连续举办不少于4次。

5.2.5 参展商满意率

参展商满意率的评价按"参展商满意率调查表"的调查结果进行,其中总体评价结论为"很满意"和"满意"的数量总和应不低于参展商总数的75%。

5.2.6 相关活动

专业性展览会期间组织与专业性展览会主题相关的活动。

5.3 C级

5.3.1 展览面积

5.3.1.1 展出净面积不少于2000平方米。

5.3.1.2 特殊装修展位面积比至少达到5%。

5.3.2 参展商

境外参展商展位面积与净面积的比值不少于5%。

5.3.3 观众

5.3.3.1 展览期间专业观众人次与观众总人次的比值不少于40%。

5.3.3.2 境外观众人次不少于观众总人次的1%。

5.3.4 展览的连续性

同一个专业性展览会连续举办不少于3次。

5.3.5 参展商满意率

参展商满意率的评价按"参展商满意率调查表"的调查结果进行,其中总体评价结论为"很满意"和"满意"的数量总和应不低于参展商总数的70%。

5.4 D级

5.4.1 展览面积

5.4.1.1 展出净面积不少于1000平方米。

5.4.2 观众

展览期间专业观众人次与观众总人次的比值不少于30%。

5.4.3 展览的连续性

同一个专业性展览会连续举办不少于2次。

5.4.4 参展商满意率

参展商满意率的评价按"参展商满意率调查表"的调查结果进行,其中总体评价结论为"很满意"和"满意"的数量总和应不低于参展商总数的65%。

6. 专业性展览会等级评定附加项

6.1 管理体系状况

6.1.1 负责专业性展览会具体组织管理工作的主办(承办)方通过GB/T19001-2000质量管理体系认证。

6.1.2 展馆方通过GB/T19001-2000质量管理体系认证、GB/T28001-2001职业健康安全管理体系认证。

6.1.3 装修和搭建的主要承办方通过质量管理体系认证、GB/T28001-2001职业健康安全管理体系认证。

6.1.4 展览会运输的主要承办方通过GB/T19001-2000质量管理体系认证、GB/T28001-2001职业健康安全管理体系认证。

（注：专业性展览会等级评定附加项不作为专业性展览会等级评定的必要条件，达到的项目在评定时可以加分。）

附录A	（规范性附录）专业性展览会等级划分及评定标准			
A.1 评分说明				
A.1.1 本标准满分为720分				
A.1.2 各等级应达到的最低分数				
A级：546分				
B级：420分				
C级：216分				
D级：108分				
A.2 评分标准		各大项的得分汇兑栏	各分项的得分汇兑栏	计分栏
A.2.1 展出净面积及特殊装修展位面积比		150		
A.2.1.1 展出净面积不少于15 000平方米			75	75
展出净面积不少于10 000平方米				65
展出净面积不少于5 000平方米				50
展出净面积不少于3 000平方米				35
展出净面积不少于2 000平方米				20
展出净面积不少于1 000平方米				10
A.2.1.2 特殊装修展位面积比不少于30%			75	75
特殊装修展位面积比不少于20%				55
特殊装修展位面积比不少于10%				35
特殊装修展位面积比不少于5%				15
A.2.2 参展商		70		
境外参展商展位面积与展出净面积的比值不少于40%			70	70
境外参展商展位面积与展出净面积的比值不少于30%				55
境外参展商展位面积与展出净面积的比值不少于20%				40
境外参展商展位面积与展出净面积的比值不少于10%				30
境外参展商展位面积与展出净面积的比值不少于5%				20
A.2.3 观众		100		
A.2.3.1				
展览期间专业观众人次与观众总人次的比值不少于70%			50	50

续表

	展览期间专业观众人次与观众总人次的比值不少于60%			40
	展览期间专业观众人次与观众总人次的比值不少于50%			30
	展览期间专业观众人次与观众总人次的比值不少于40%			20
	展览期间专业观众人次与观众总人次的比值不少于30%			10
A.2.3.2	境外观众人次不少于观众总数的4%		50	50
	境外观众人次不少于观众总数的1%			35
	境外观众人次不少于观众总数的5%			20
	境外观众人次不少于观众总数的2%			10
	境外观众人次不少于观众总数的1%			5
A.2.4	展览的连续性	50		
	同一个专业性展览会连续举办不少于5次			50
	同一个专业性展览会连续举办不少于4次			40
	同一个专业性展览会连续举办不少于3次			30
	同一个专业性展览会连续举办不少于2次			20
A.2.5	参展商满意率	150		
	参展商满意率调查表中对展览会的总体评价结论为"很满意"和"满意"的数量总和不低于参展商总数的80%			150
	参展商满意率调查表中对展览会的总体评价结论为"很满意"和"满意"的数量总和不低于参展商总数的75%			120
	参展商满意率调查表中对展览会的总体评价结论为"很满意"和"满意"的数量总和不低于参展商总数的70%			90
	参展商满意率调查表中对展览会的总体评价结论为"很满意"和"满意"的数量总和不低于参展商总数的80%			70
	参展商满意率调查表中对展览会的总体评价结论为"很满意"和"满意"的数量总和不低于参展商总数的65%			50
A.2.6	相关活动	80		
	展览会期间组织与展览会主题相关的各种活动			80
A.2.7	附加评定项	120		
A.2.7.1	主办（承办）方通过GB/T19001-2000质量管理体系认证			20
A.2.7.2	展馆方通过GB/T19001-2000质量管理体系认证			20
A.2.7.3	展馆方通过GB/T28001-2001职业健康安全管理体系认证			20
A.2.7.4	装修和搭建的主要承办方通过质量管理体系认证GB/T28001-2001职业健康安全管理体系认证			15

续表

A.2.7.5 装修和搭建的主要承办方通过 GB/T28001-2001 职业健康安全管理体系认证		15
A.2.7.6 展览会运输的主要承办方通过质量管理体系认证 GB/T28001-2001 职业健康安全管理体系认证		15
A.2.7.7 展览会运输的主要承办方通过 GB/T28001-2001 职业健康安全管理体系认证		15

(资料来源：《中国会展》)

活动训练

1. 结合学习实际，评估学习效果。
2. 调查本专业同学学习情况，撰写学业评估报告。

模块二 展后总结报告

一、展后结束工作概述

展会闭幕后并不是展会的一切工作就此了结，办展机构还有必要对展会进行总结。通过展后的总结，办展机构可以对本届展会的策划、筹备、招展、招商、宣传推广以及展会管理和服务等工作进行分析评估，总结好的经验以便下一届继续发挥，找出工作中的不足以便在下一届展会加以改进。展会工作一般都要一届一届地连续办下去，办展机构总是希望展会办得一届更比一届好，展后总结工作在这方面能起到很好的促进作用。因此，应当重视做好评估总结工作，并将结果应用到经营和管理工作中。

二、展会总结报告的内容

总结报告是总结工作的结果和总结卷宗的主体。总结报告可以有多种，包括展会策划总结报告、评估总结报告、市场调研报告、财务总结报告等。总结报告应当是全面、系统、综合地反映展览整体和各部分情况、工作、效果和建议的资料。

（一）工作总结报告

展会总结报告是展览情况、工作、效果和建议的全面反映，是最重要的报告。一份完整详细的总结报告内容包括展览会和展台、市场和竞争对手、展览工作与效果、贸易工作和效果等情况。具体内容如下：

1. 展览会情况，包括展览会名称、日期、地点、规模、性质、内容、参观者数量和质量、展出者数量和质量、展览活动、展览整体效果和评估结果等。

2. 市场和竞争对手情况，包括市场和竞争对手的数量、展台面积、展示内容、展示活动、展示方式、成果和评估结果等。

3. 展台情况，包括展出目的和目标、内容、展馆面积和位置、评估结果等。

4. 展览工作，包括整体组织和管理工作、展品和运输、设计和施工、宣传和广告、公关和交际、行政和后勤、展台人员的素质及表现、评估结果等。

5. 展览成果，包括成交额分类统计、接待客户数及分类统计、宣传结果和评估结果等。

6. 总结，包括经验和教训、改进意见和建议等。

根据需要，展览工作总结也可以分开写。分开写要求内容更加全面详细，可以划分为展览工作总结、贸易工作总结、市场报告（有市场详细情况）等。

（二）评估报告

评估工作要有报告，从正反两方面反映展览工作、展览效果以及看法。要注意出于宣传需要写的新闻总结稿等不要与评估报告混淆。评估报告的内容一般包括对有关展出目标和有关展览工作的简单描述，对展览工作的整体和分类统计分析，以及可能的原因和意见。有关方面很自然的急于要展出结果，为满足这方面的需要，可以每天统计一份情况简报，并在展览会结束时尽快写小结报告作为评估素材提供给有关方面。但这些不是评估报告。展览的效果是长期的，完整的评估报告往往要在展览会闭幕后 6 个月后，甚至一年后才能完成，因为，此时后续工作大都也已完成，贸易效果和效益也逐渐显露，参展的总支出已经明了，才可以判断展出开支是否值得。虽然有关人员和部门（主要是展览业务部门和人员）的兴趣可能已大为减弱，但是真实的反映展览长期结果和效益的评估报告仍应当交管理层和决策层。能真实反映情况的评估报告对展出者的经营管理有很大参考价值。

（三）市场调研报告

展览的重要功能之一是市场调研，市场调研报告对展出者营销具有重要参考价值。调研报告的精华部分大多写入总结，提供给管理层和决策层。

（四）财务报告

财务报告对企业经营者有着非常重要的意义和作用。财务报告的内容除了应当有基本统计（包括预算、决算等），还应当有反映经营效益、效率、利润的计算和推算。对企业来说，效率、效益和利润是最为重要的。由于展览效果和效益需要比较长的时间才能反映，因此，财务报告可以根据实际情况分为近期的开支报告和远期的预算报告。

（五）其他报告

展览总结报告还有许多其他种类，比如展台表现报告、参观者情况报告、展台经理工作报告、展台人员工作报告。展览各方面情况、各环节工作几乎都可以列为专题写出报告，但是否需要编写，要根据需要和条件决定。专题性质的报告大多是为了了解具体情况，解决具体问题。展览评估和总结报告是展览工作的组成部分，是经营者和管理者工作循环过程的一个终结工作，也是承上启下的环节。评估和总结的主要工作是发现问题和总结经验，为进一步提高工作效率和效益提供条件。

阅读材料

××展览会总结报告

××展览会于8月28—9月3日在××展览中心举行。上海组织农业展团参展，这也是上海农业首次在××地区参展。此次参展由××、××联合主办，××展览有限公司具体承办。市农工商集团、种业集团、××等区县农业部门，以及34家农业龙头企业参加，400余种产品参展。

这次××展览会中国上海馆有以下三个明显的特点：

一是规格高。××等××国高官出席了开幕式，中国驻××国大使××专程从首都××赶来出席开幕式。中国××展览集团团长××作为17个参展国家的唯一代表被邀上主席台共同主持开幕式。出席开幕式的××国高官和中国驻××国使馆商务参赞在开幕式后参观了上海展馆，对上海参展的用高新技术设备生产的冻干蔬菜类食品、烘干类食品、速溶类方便汤食品、高品质食用菌产品、休闲食品和利用组培技术培养的花卉、种苗等展品产生了浓厚的兴趣。××国总理看到××蔬菜公司的各类优质蔬菜样品后，说这样的蔬菜进其国内市场肯定大受欢迎。他品尝了××调味品厂生产的酱菜后大为赞赏。

二是观众多。××是个只有两万人口的小镇，但到展览会的欧洲各国和××国的观众、客商达10万人。据一个展位的不完全统计，这个展位前，每分钟少则10人，多则50多人逗留盘桓。观众绝大部分都是远道而来，花70克朗（约合人民币20多元）排长队买入场券，围成几圈。人们一边参观，一边品尝，纷纷要求购买产品。因这次展览会原定只展不卖，但拗不过观众的要求，只得在展期的最后一天出售展品，所有展品全部被抢购一空，甚至连花卉组培苗的样本也被购完。

三是影响大。上海农业首次在欧洲地区展览，由于精心准备，产生了轰动效应。第一，展品严格把关。对参展的展品进行严格挑选，好中选好，优中选优，确实能代表上海农业的水平。第二，是全部实物展出。与国外一些展团只展出一些图片相比，上海的实物展出非常出彩，给观众眼睛一亮的感觉。第三，是精心布展。我公司设计布置的中国展馆中红灯笼、同心结高挂，烘托出浓烈的中国民族特色；白玉兰和浦江两岸夜景巨幅照片光彩夺目，上海的标志非常明显；每个展位的布置既有特色，又讲究整体和谐，许多参观者在上海馆前摄影留念。媒体纷纷称赞中国上海馆是本次展览会最漂亮、人气最旺的展馆。第四是注重参展人员的素养。参展人员都经过严格的外事纪律和礼仪礼貌培训，当地媒体赞扬"中国人表现出了出色的商务能力和礼仪风貌"。

本次展览取得了以下三项成果：

一是参展期间欧盟客商与上海展团达成商贸、技术、生产、农产品加工等合作意向共

39个，金额数千万美元。仅××绿色食品有限公司就与波兰、德国、捷克、斯洛伐克、意大利、俄罗斯6国达成了250万吨、价值500万美元的草莓、小葱、胡萝卜、桑果、西兰花和冻干农产品的销售意向。其中，××总部在意大利米兰的跨国公司表示如有现货，可立即下订单。××集团的大米、茶叶、花卉等引起了客商的极大兴趣，有15家企业欲与××集团进行进一步洽谈，购买产品和开展合作生产。被称为"中国黑蛋"的××公司无铅皮蛋受到青睐，有公司主动提出要求做××国的总代理。上海的食用菌被欧洲市场看好，不少公司提出与上海方开展合作生产、总代理、技术输出等各种方式的合作。

　　二是通过参展了解了欧洲农产品市场，增强了开拓欧洲市场的信心。上海农产品在欧洲受到如此热烈的欢迎是从未想到的。通过参展，看到了上海农业走创汇农业道路的前景和发展空间。特别是××国这样的东欧国家，由于过去"国际大家庭"的影响，产业发展不平衡，特别是蔬菜很少，很稀罕。虽然××本国只有1200万人口，但每年的欧洲游客就有1亿人次，蔬菜、水果等食用农产品的需求量很大，是上海农业可以一展宏图的地方。

　　三是看到了上海农产品的不足。上海的农产品品质好、味道美，在展览会上有口皆碑。但在具体洽谈贸易事务时，外商对包装提出了许多要求和建议，说明上海农产品的包装还存在不少问题，需要按国际标准改进，与国际接轨。

上海××展览有限公司　出国考察部
××××年9月5日

（资料来源：向国敏主编：《会展文案》，旅游教育出版社2007年版）

活 动 训 练

1. 学期学习情况小结。
2. 毕业晚会答谢辞。

主要参考文献

1. 华谦生主编：《会展策划与营销》，广东经济出版社2004年版。
2. 方光罗主编：《公共关系概论》，中国商业出版社2003年版。
3. 阎蓓、贺学良主编：《会展策划》，高等教育出版社2005年版。
4. 向国敏：《会展文案》，旅游教育出版社2007年版。
5. 许传宏：《会展策划》，复旦大学出版社2005年版。
6. 郑彬：《会展概论》，电子工业出版社2007年版。
7. 俞华、朱立文：《会展学原理》，机械工业出版社2005年版。
8. 龚平、赵慰平：《会展概论》，复旦大学出版社2005年版。